JN437611

알타이 민족의 축제

김민수 · 문준일 · 엄순천
김태옥 · 서광덕 공저

충북대학교 러시아 · 알타이지역연구소 편

신아사

발간사

"알타이"라는 용어는 지리, 언어·문화, 민족 등의 층위에서 두루 사용되는 다의적 개념을 내포한다. 즉 지리적으로 알타이 산맥을 중심으로 러시아, 몽골, 카자흐스탄, 중국 등에 거주하고, 언어적으로 알타이어족(Altaic Language Family)의 언어를 사용하며, 역사-문화적으로 '알타이 문화권'이라고 범주화될 수 있는 공동의 문화권, 공동의 생활권으로 묶일 수 있는 제 민족을 지칭하는 데 사용된다. 이러한 개념적 다의성 혹은 모호성으로 인해 "알타이"라는 수식어는 관련 학계에서 지속적으로 논쟁의 대상이 되어 왔다는 사실 역시 부인할 수 없다.

이런 논쟁과는 별개로 한국에서 알타이에 대한 관심은 한민족의 뿌리를 찾으려는 노력과 함께 해왔으며 1995년 국립중앙박물관이 '광복 50주년 기념특별전'으로 '알타이문명전'을 개최한 이후 "알타이 문명"이라는 용어 역시 광범위하게 사용되기 시작했다. 이후 알타이 문화 연구는 한민족의 시원을 찾으려는 고고학자들과 역사학자들, 한국어 계통에 관심이 있는 언어학자들을 중심으로 의욕적으로 수행되었지만 지리적, 언어적 제약, 그리고 연구 환경상의 제약 등으로 연구 현실이 녹록하지 않았다. 하지만 1991년 소비에트연방의 해체와 3차 산업혁명으로 인한 글로벌화로 인해 이러한 제약이 상당부분 해소되어서, 이제는 알타이 특히 알타이계 소수민족 문화 연구에 보다 적극적이고 능동적인 연구 활동을 보이고 있어 그 결과에 많은 관심이 가고 있다.

본 연구서의 중심 연구 내용인 축제는 여러 민족의 문화적 토대를 구성하고 있는 요소들을 확연히 드러내 주기 때문에 알타이계 소수민족의 문화를 이해하려면 이들의 축제에 주목해야 한다. 바흐친(Bakhtin)은 『프랑수아 라블레의 작품과 중세 및 르네상스의 민중문화(Творчеств франсуа Рабле и Народная Культура Средневековья и Ренессанса)』(1965)에서 축제를 "인간문화의 가장 본질적인 요소"라고 했으며, 또 하비 콕스는 『바보들의 축제(The Feast of Fools)』(1980)에서 인간을 '호모페스티버스'(Homo Festivus)라고 정의한 바 있다.

축제에는 민족의 문화정체성이 표현, 확인, 발전되기 때문에 알타이 소수민족의 문화정체성을 이해하기 위해서는 이들의 축제에 관심을 돌릴 필요가 있다. 현재 알타이계 소수민족의 축제는 오랜 시간 다양한 환경을 거치면서 그 기원과는 상당히 먼 곳에 와 있다. 하지만 서구 문명에 노출된 다른 민족과 달리 아직 고대 축제의 '원형성'이 상당부분 보존되어 있기 때문에 이들의 문화정체성 이해에 도움을 줄 수 있을 것이다.

본고에서는 국내외에 거의 알려지지 않은 알타이계 부랴트족, 만주족, 에벤족, 에벤키족, 투바족 축제에 대한 평면적 정보의 전달을 넘어 축제의 구조와 의미 규명을 통해 이들 민족의 문화정체성에 대한 이해를 높이고 있다. 이는 이들 축제와 한민족 축제를 비교 분석함으로써 진정한 전통축제의 문화적 가치를 고찰하고 한국 사회에서 알타이에 대한 인식의 저변을 확대할 수 있는 기회를 제공하기 위한 것이다.

이에 덧붙여 인간의 본성이 테크놀로지에 맞춰지고 있는 지금 사회 각 분야에서 인간의 본성에 테크놀로지를 맞추려는 휴먼 테크 혁명이 필요하다. 알타이계 소수민족의 축제는 휴먼 테크 혁명에 걸맞게 또 한국 사회의 문화적 맥락에 걸맞게 재해석됨으로써 한민족 문화 발전에 도움을 주게 될 것이다.

아울러 이 책의 발행을 지원해준 충북대학교 대학인문역량강화사업단과 공들여 편집해 주신 도서출판 신아사에 감사의 마음을 전한다.

충북대학교 러시아·알타이지역연구소

소장 최성호

목차

부라트족의 명절과 축제

김민수(한국외국어대학교 러시아연구소 HK교수)

부랴트족

사진 1. 부랴트족 주요 분포지역 (붉은 색으로 표시된 곳)

부랴트족은 세계에서 가장 깊은 담수호인 바이칼의 남부와 동부를 둘러싸고 있는 부랴트공화국의 명목민족이자 바이칼 지역의 원주민이다. 러시아연방 내 부랴트인 총 인구수는 2010년 기준 461,389명이다. 그중 부랴트인이 가장 많이 모여사는 부랴트공화국의 부랴트인 인구수는 286,839명으로 부랴트공화국 인구의 약 30%에 해당된다. 부랴트공화국 외에 러시아연방 이르쿠츠크주에 77,667명, 자바이칼 변강주에 73,941명이 살고있다. 과거 러시아연방 내 부랴트족 행정자치구역으로 부랴트공화국 외에 우스티-오르다 부랴트민족자치구와 아가 부랴트민족자치구가 있었는데, 2008년 각각 이르쿠츠크주와 자바이칼 변강주에 흡수되었다. 그리고 러시아 연방 외에 몽골에 45,087명, 중국에 약 8000명이 거주하여 전세계 부랴트인 인구는 총 62만명 정도가 된다.

부랴트족은 인종, 언어, 문화적으로 몽골계 민족으로 분류되며, 몽골인과 언어, 문화 등 다양한 측면에서 매우 유사하다. 따라서 몽골에서는 부랴트인을 몽골인의 한 그룹으로 취급한다. 그러나 러시아에서는 부랴트인을 몽골인과 별개의 민족으로 취급하고 있다.

일반적으로 부랴트족은 바이칼 서부 지역에서 기원되었고, 부랴트족 구성에 몽골계 여러 부족과 더불어 현재의 부랴티아-몽골 지역에 분포했던 퉁그스계, 튀르크계 부족들도 포함된 것으로 본다.

부랴트인에 관한 정확한 러시아 문헌 자료가 등장하는 것은 17세기 코사크인들이 부랴트족 분포 지역에 도래한 이후부터다. 당시 문헌에서는 부랴트족을 '불라가트', '에히리트', '혼고도르', '호리', '타부누트' 등 5개 부족으로 구분하고 있다. 당시 불라가트 부족은 앙가라강과 그 지류 유역, 에히리트 부족은 레나강 상류지역에 거주했다. 혼고도르 부족은 불라가트 부족 분포 영역 남부에서 유목을 했으며, 호리 부족은 바이칼 동서 지역과 올혼섬 그리고 바이칼 남부 부굴데이카강 유역에 거주했다. 타부누트 부족은 셀렌가강 우안, 치코이강과 우다강 어귀에 거주했다.

18세기까지 부랴트족의 기본적인 산업은 유목형 가축사육, 즉 봄과 가을에 방목지와 겨울 주거지로 각각 이동하는 형태였다. 그러나 시베리아 지역의 정치적 상황이 급변하면서 유목을 위한 자유로운 이동이 제한되어 유목 규모와 이동 빈도가 줄어들었다. 20세기 초 러시아혁명 시점에 부랴트족의 기본 산업은 유목형 가축사육과 농업이었고, 사냥, 어로, 벌목 및 목재가공이 부업이었다. 사육한 5대 가축은 소, 양, 염소, 말, 낙타이었다. 농업은 주로 돌려짓기 방식으로 호밀, 귀리, 보리, 메밀 등을 재배했다.

사진 2. 부랴트 전통음식 우르메

부랴트족의 기본적인 식품은 유제품과 고기였다. 지금까지도 아룰, 후루트, 우르메 등 민속 음식을 널리 먹고 있다. 아룰과 후루트는 발효유 덩어리를 실에 꿰어 말리거나 덩어리 형태로 압착한 것인데, 신선한 우유를 발효시킨 뒤 끓여서 만든다. 여름철 우유가 많이 생산될 때 아룰과 후루트를 만들어 두고 겨울까지 먹었다. 우르메는 끓인 우유에 형성된 두꺼운 막을 걷어 살짝 말린 것이다. 또 우유로 술(타라순 또는 아르히)을 만들고 남은 찌꺼기라고 할 수 있는 아르수도 즐겨 먹었다. 고기는 여름에는 주로 양고기, 겨울에는 주로 소고기를 먹었다. 고기는 삶아 먹었는데, 소금을 아주 조금 넣거나 전혀 넣지 않고 삶았다. 차는 주로 덩어리로 굳힌 녹차를 즐겨마셨으며, 차에 우유, 돼지 지방으로 만든 살로, 소금 등을 넣어 먹었다. 부랴트족의 전통 음식으로 부우자라고 불리는 만두를 들 수 있다. 부우자는 효모를 넣지 않고 반죽해 만든 만두피에 다진 고기와 파를 넣어 만든다. 부랴

사진 3. 부랴트 전통 고기만두 부우자

사진 4 . 부랴트 전통 녹차

트식 부우자는 가운데 구멍이 뚫려 있어 만두의 육즙을 빨아 먹을 수 있으며, 만두의 주름이 33개인 것이 이상적인 형태라고 한다.

부랴트족의 고대 신앙은 애니미즘과 샤머니즘이다. 산, 숲, 돌, 하늘, 불 등에 주인인 신령이 있고 그들이 인간을 선하게도 악하게도 대할 수 있다고 여겼으며, 하늘에 신들이 사는데 55위의 선한 서방신과 44위의 악한 동방신이 있다고 여겼다. 또 불을 태양과 달의 남동생인 신으로 여겨 일상에서 불 숭배가 널리 확산되었다. 불에 버터, 지방, 술 등을 뿌리거나 음식 조각을 태우는 방법으로 제물을 바쳤다. 그리고 산 정상, 큰 바위, 길가, 강가, 샘가 등에 돌무더기를 쌓아 제단을 만들거나 주위에 자라는 나무를 정하여 거기에 천조각을 묶거나 빵, 고기 조각, 사탕 등 음식을 놓거나 술을 뿌려 그 곳의 주인되는 신령에게 경의를 표했다. 그것을 오보오라고 부르며, 지금도 부랴트인이 사는 지역 곳곳에서 볼 수 있다.

사진 5. 바이칼변의 오보오

샤머니즘에 기반을 둔 전통신앙은 바이칼 남부와 동부 지역 부랴트인 사이에서는 18세기 중반까지 유지되다가 점차 라마교로 대체되었고, 바이칼 서부 지역에서는 소비에트 혁명 시기까지 유지되었다. 소련시대를 거치면서 국가의 압력에 의해 부랴트인의 전통신앙이 크게 쇠퇴했으며, 소연방 붕괴 이후에는 민족 전통문화 재생 과정에서 전통신앙도 다시 부활되어 활성화되고 있다. 현재 부랴트공화국 국민의 종교 가운데 가장 큰 비중을 차지하는 것은 러시아정교로 공화국 국민의 약 25%가 정교신자이며, 불교신자는 약 20%정도가 된다. 그러나 여전히 더 오랜 역사를 가지는 불교가 여전히 부랴트 민족에게 가장 큰 영향력을 가진다.

부랴트인은 16세기부터 라마교를 수용하기 시작했으며, 1714년에 불교가 러시아의 공식종교 가운데 하나로 인정되었다. 그 무렵 부랴트 지역 최초의 불교 수도원이 구시노예 오제로 지역 탐차 마을에 건립되었다. 불교가 정착되면서 문자가 확산되었고, 부랴트족의 과학, 문학, 예술 분야 발전에도 기여했다. 시간이 지나면서 불교는 부랴트인의 생활 양식, 민족 심리, 도덕 형성의 중요한 요인이 되었으며, 19세기 후반부터 더욱 급속히 발전되었다. 불교 사원에서 학교를 세워 운영했고, 사원이 서적 출판, 티벳 의료 전파, 응용 예술 발전 등 다양한 문화활동의 중심지가 되었다.

1914년에는 부랴트 지역에 이미 48개의 사원이 문을 열고 있었고, 16,000명의 라마승이 활동하고 있었다. 그러나 1930년대 말 공산주의 소련의 국가정책에 따라 부랴트 지역에서 불교가 사라졌다가 1946년에 이볼긴스크, 아긴스크에 불교 사원이 다시 건설되었다. 1980년대 후반부터, 특히 소련 붕괴 이후 부랴트 지역의 불교가 재생되어 부랴트 민족 통합과 정신적 부흥의 중요한 요소로 작용해 오고 있다. 한편, 1980년대부터 샤머니즘도 재생, 복원되기 시작했다. 바이칼 서부 이르쿠츠크주에 거주하는 부랴트인은 오랜 세월에 걸쳐 불교보다는 샤머니즘이 전통 종교로 자리잡았다.

부랴트족 전통 명절과 축제

민속 명절은 민족의 문화적 가치 보존, 사회의 도덕적 규범 유지, 개인의 사회적 관계 안정화 및 사회 결속 등의 가치를 갖는다. 또한 민속 명절은 민족 고유의 전통 속에서만 제 모습을 드러내고 고유의 가치를 발현할 수 있다.

현재 부랴트족은 기본적으로 서양력을 사용하고 있고, 일부 그룹만 음력을 병용하고 있다. 음력은 불교와 함께 몽골에서 전래되었으며, 설날에 해당되는 사가알간 등 주요 전통명절은 음력으로 지내고 있다.

음력 설 - 하얀 달 '사가알간'

부랴트족의 주요 전통 명절로서 현대 부랴트인의 생활 속에서도 다양한 의미를 보존하며 유지되는 것으로 먼저 사가알간을 들 수 있다. 사가알간은 '하얀 달'이라는 의미이며, 음력설에 해당되는 절기 명절이다. 명절 명칭의 '하얀'이라는 말은 정결과 신성성을 상징하며 행복을 연상시키는 하얀 색, 즉 유제품의 하얀 색과 연관된다. 즉, 음력 설을 포함한 정월 전체를 신성한 한 달, 행복한 한 달을 의미하는

'사가알간'이라고 부르는 것이다.

부랴트족 뿐 아니라 몽골계 민족 모두에게 음력 설과 음력 정월은 사람과 자연의 갱생, 정결, 어른에 대한 공경, 기대와 기원의 상징이 된다. 과거에는 이 명절을 가을에 유제품 명절로 지냈다. 그런데 칭기스칸의 손자 쿠빌라이가 중국 점성술에 따라 새해 명절 시기를 가을에서 겨울의 끝으로 옮겼다고 한다. 따라서 13세기부터는 겨울이 끝나면서 많은 동식물이 새로운 삶을 시작하고 유제품이 풍족해지기 시작하는 음력 1월, 즉 양력으로 2월에 지내게 되었다.

음력 설 명절인 사가알간은 소련시절에는 비공식적으로 금지되었다. 정부가 사가알간을 순수 종교적, 라마교적, 봉건적 명절이며 공산주의 건설에 해로운 것이라고 규정했기 때문이다. 이후 1990년대 초에 사가알간은 부랴트공화국의 국가적 명절의 위상을 가지게 되었다.

이후 부랴트족은 사가알간의 전통을 복원하여 음력 설을 부랴트 지역 모든 사람들이 민족 관습에 따라 친척, 친구들과 함께 축하하며 즐겁게 지내는 명절로 정착시키고 있다. 보통 한 달간 지속되는 사가알간 기간에서 첫 3일이 본격적인 설 명절이라고 할 수 있다.

17세기 라마교가 널리 확산되면서 부랴트족의 사가알간에도 불교적 의례들이 깊숙이 자리잡게 되었다. 그리고 18세기에 부랴트 지역에서 라마교가 공식화되면서 사가알간은 불교의 여섯 가지 중요 명절 가운데 첫 번째 명절의 성격을 가지게 되었다. 그때부터 사가알간은 종교와 세속, 공식적 사원 명절과 민중 명절이라는 융합적 성격을 가지게 되었다.

사가알간과 관련된 불교식 의례의 핵심은 지난 한 해동안 저지른 모든 죄와 번뇌에서 벗어나 정결하고 깨끗한 몸과 마음으로 새해를 맞이하는 데 있다. 따라서 새해 수일 전부터 집안팎 구석구석을 깨끗하게 청소한다. 그리고 명절에는 가축 도살이 금기시되므로 명절 음식도 미리 준비해 둔다.

음력 새해 전날, 즉 묵은 한 해의 마지막 날에는 집안에서 먼지를 일으키는 것이 금지되며, 불교신자는 불경을 읽고 선행을 하는 것이 권장된다. 그날 술이나 고기를 자제해야 하며, 가급적 집안에서 식구들과 함께 지낸다. 이날 불의 신령을 비롯한 집안의 신령들에게 제물을 바치는 의례를 행하고, 집안의 신상에 초를 켜 바친다. 과거에는 낡은 것을 부수고 새로운 것에 길을 열어준다는 상징적 의미에서 낡은 사물을 부수는 의례를 행했으며, 양의 넓적다리나 정강이뼈에서 가축의 생명력을 상징하는 골수를 빼내는 의례를 행하기도 했다. 그날 집안의 불단도 새로 단장하고 양고기나 소고기 등 고기음식을 바친다. 저녁에는 절에 가서 라마승의 주도에 따라 '두그주우바'라는 정화의례를 행한다. 이 의례는 지난 한 해 동안의 모든 나쁜 것을 몰아내고 새해에는 복과 행운, 건강이 찾아오도록 기원하는 것이다. 이 의례에 참가하기 위해서는 먼저 집에서 밀가루 반죽을 만들어 그것으로 자신과 집안사람들의 몸에 문지른 뒤에 그것을 절로 가져가 피라미드 모양으로 만든 커다란 화톳불에 던져 넣어 태운다. 그 밀가루 반죽이 불에 타면 사람들의 몸에서 떼어낸 모든 나쁜 것도 불에 타 사라진다는 의미를 가지는 의례적 행위이다.

사진 6. 두그주우바 의례 모습

사가알간 첫날에는 아침 일찍, 새벽 4~5시에 일어나야 한다. 해가 뜨기 전에 잠을 깨지 않는 사람은 새로운 한 해 동안의 행운을 놓친다고 여기기 때문이다. 그 시간에 깨어 있는 사람은 불교의 여신 '발단 르하모'의 비호를 받게 되며, 성공과 행운이 따른다. 발단 르하모는 매년 악령들과 싸워 승리하고 지옥의 지배자가 집어삼킨 태양을 구출하고 난 뒤 이 땅으로 와서 자신의 몸으로 땅을 덥혀 봄이 오게 해주는 불교의 여신이다.

사진 7. 불교의 여신 '발단 르하모'의 모습

이후 아침이 되면 가장이 향을 피우고 불, 법, 승 3보를 위한 예물을 바치며, 신령들을 위한 음식(차, 우유 또는 술)을 집밖으로 가지고 나가 '옴 아 훔'이라고 말하면서 사방에 뿌린다. 또는 새로 끓인 차를 담은 첫 잔을 집의 문턱을 넘으면서 흘리는 방식으로 조상들과 집안의 수호 신령에게 차를 바친다.

그리고 사가알간 첫날에는 부모님께 새해를 축하드리고 존경과 복을 기원하는 마음을 상징하는 긴 천인 '하닥'을 드린다. 하닥은 보통 하늘색의 긴 비단 천이다. 아랫사람이 윗사람에게 하닥을 드릴 때는 양 손바닥 위에 하닥을 올려놓은 상태로 아래에서 위로 윗사람의 손을 잡고 드린다. 그리고 사가알간 한 달 동안에는 만나는 사람에게 그와 같은 전통 인사법으로 인사를 한다. 먼저 나이가 더 어린 사람이 연장자(동갑이면 여자가 남자에게)에게 양손을 손바닥이 위로 가도록 내민다. 연장자는 손바닥이 아래로 향하게 양손을 뻗어 그 위를 덮는다. 그러면 나이가 더 어린 사람은 연장자의 팔꿈치를 잡는다. 이것은 존경과 더불어 필요할 경우 도움을 주겠다는 약속의 표시다.

사진 8. 사가알간 음식상

사가알간의 주요 음식으로 삶은 양고기, 삶은 양머리, 양의 피와 내장으로 만든 순대, 고기만두 부우자 그리고 응고 우유, 집에서 만든 치즈, 우유로 만든 다양한 과자 등을 들 수 있다. 과거에는 특별히 새해에 맞추어 미리 우유로 아르히라고 불리는 술을 만들어 두었다. 그러나 새해 전날에는 술을 마시는 것이 금지되며, 명절 기간에도 술을 많이 마시는 것은 전혀 환영받지 못했다.

사진 9. 응고우유에 밀가루를 섞어 만드는 전통음식 살라마트

사가알간 기간 동안에는 다른 집을 방문하여 새해 인사를 하는 것이 예의다. 서로 멀리 사는 경우에도 부모, 친가와 외가의 친척들을 방문한다. 외가 친척들은 항상 특별한 대접을 받았다. 며느리는 자식들과 함께 시댁으로 가서 집안 조상들과 수호신들에게 헌제를 지낸다. 사가알간에 친척과 친구를 방문하는 것은 집안의 유대관계와 우정을 강화하고 또 어려서부터 전통과 관습을 익혀나간다는 중요한 의미를 가진다.

사가알간에는 서로 선물을 주고 상호 방문하여 음식을 나누는 것을 중요하게 여긴다. 여성들에게는 주로 수건, 옷감, 차 등을 선물하며, 남성들에게는 담배나 하닥을 주고 아이들에게는 과자나 돈을 준다. 밀가루 반죽 조각을 끓는 기름에 넣어 튀

사진 10. 보오르소그

사진 11. 사가알간에 하닥을 들고 손님을 맞이하는 모습

긴 보오르소그도 사가알간 선물로 널리 활용된다. 보오르소그를 만들 때는 먼저 태양이나 연꽃 모양으로 부처님께 바칠 것을 만들고, 이어서 친척들을 방문할 때 선물로 가져갈 것을 만든다.

과거 부랴트인은 사가알간 첫날 저녁에 가장 나이가 많은 어른 또는 존경받는 사람의 유르트에 모두 모여 함께 노래하고 이야기꾼의 이야기를 듣거나 마두금 연주를 들으며 즐겼다. 그리고 새해 첫날 저녁 또는 3일째 저녁에는 새해 운세를 점쳤다. 보통 점성술에 능한 라마승이 특별한 책력과 불경 해설을 바탕으로 원하는 사람의 새해 신수를 보아 주었다. 노인들도 함께 모여 오랜 세월동안 축적된 민족의 경험을 바탕으로 한해의 날씨와 가축의 성공적인 번식 여부를 점치기도 했다. 일부 지역에서는 천막용 천이나 나무로 자기가 태어난 띠에 해당되는 동물의 모양을 만들어 그해 동안 부적으로 보관하기도 했다.

전통 명절에는 즐거운 놀이가 동반된다. 부랴트족의 전통 놀이는 주로 가축사육이라는 전통적인 경제생활에 기반을 두어 발생한 것들이다. 놀이의 도구는 주로 동물의 뼈와 가죽으로, 가축 번식을 기원하는 고대 의례적 놀이의 흔적이라고 할 수 있다. 사가알간 기간 동안의 대중적인 놀이로 가공되지 않은 가축 모피를 깔고 앉아 산에서 미끄럼을 타는 것을 들 수 있다. 이것도 일종의 새해맞이 정화의 례라고 할 수 있다. 또 양의 발목 관절 작은 뼈들을 가지고 하는 놀이인 '샤가이', 60개의 사각형 나무패로 하는 놀이인 '호를로', 손날로 소

갈비뼈를 부수는 '헤에르 샤아하' 등 전통 놀이와 경기가 오늘날 다시 복원되어 자주 행해지고 있다.

사진 12. '샤가이' 놀이 모습

사진 13. 주먹 옆날로 소 갈비뼈를 부수는 경기 '헤에르 샤아하'

사가알간 둘째 날에는 '바람의 말'을 놓아주는 의례인 '히 모린'을 행한다. 이것은 강력한 힘과 새해의 건강, 행복, 풍요를 상징하는 말의 모양이 그려진 작은 깃발들을 만들어 라마승에게 축복을 받은 뒤 나무나 지붕에 묶어 두어 저절로 바람에 날려가도록 하는 의례다. 말이 그려진 깃발이 바람에 날려가면서 불행과 질병이 함께 날아가고 신들의 가호가 오게 된다는 의미를 가진다.

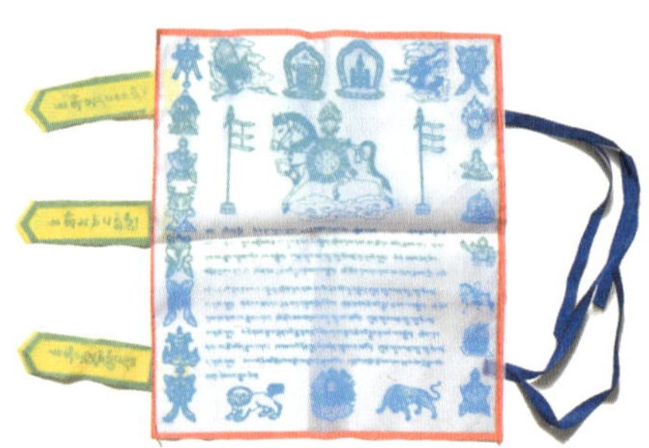

사진 14. 말의 모습이 그려진 깃발

사진 15. '바람의 말' 깃발을 나무에 매단 모습

부랴트족의 여름 명절 3종 스포츠 축제 '수르하르방'

수르하르방은 몽골계 모든 민족이 거행하는 가장 널리 확산된 축제 가운데 하나다. 부랴티야, 몽골뿐 아니라 야쿠티야에서도 거행된다. 몽골에서는 이 축제를 '남자들의 세 가지 놀이'라는 의미의 '어린 구르반 나아단'이라고 부른다.

부랴트족의 수르하르방은 활쏘기, 씨름, 말달리기 등 세 가지 경기로 구성되며, 수르하르방 말미에는 부랴트족 그리고 참가자들의 화합을 다지는 의미에서 '요호르'라는 전통 원무를 춘다.

수르하르방은 과거에는 일년에 한 번 봄이 끝나고 여름이 시작되는 시기에 거행되었다. 그 시기는 강의 얼음이 완전히 풀리고 풀이 자라올라 가축들의 먹이가 풍부해져 가축들이 살이찌고 유제품도 풍부해 지는 시기다.

고대로부터 수르하르방은 자연의 재생을 찬양하는 특별한 의례적 의미를 가진 놀이였다. 요즘에는 매년 봄철 농삿일을 마친 뒤인 7월 첫 번째 일요일에 거행한다.

수르하르방이라는 명칭은 바로 과녁을 의미하는 말인 '수르'에서 온 것이라는 설이 있다. 수르는 양털 뭉치 또는 고리를 가느다란 가죽띠로 감아서 만든 과녁을 의미하며, '하르방'은 시합을 뜻한다. 그러니까 수르하르방은 과녁을 맞추는 시합이라는 의미가 된다. 또 몽골인들의 '늑대와 시베리아 마멋 놀이'에서 기원된 것이라는 설도 있다. 몽골의 전설에 따르면, 시베리아 마멋이 원래는 활을 잘 쏘는 궁수였는데, 언젠가 하늘에 세 개의 해가 떠서 몹시 더워졌고 모든 것이 불타기 시작했다. 궁수는 해를 쏘아 떨어뜨려 사람들을 도와주려고 했지만 화살이 계속 빗나가자 수치심을 느껴 자신의 엄지손가락을 부러뜨린 뒤 인간의 모습을 버리고 땅속에서 살기 시작했다고 한다. 이와 맥을 같이하여 해를 뜻하는 고대 인도어 '수리야'와 '수르'가 동일한 어근에서 발생했으며, 수르하르방이 활로 태양을 쏘는 것을 의미한다는 설도 있다.

그리고 수르하르방이라는 체전의 기원에 대해서도 여러 가지 설명이 있다. 먼저 신성한 장소에 모여 신령들과 조상들의 영혼을 추모하고 제물을 바치는 의례의 일부로서 부족 간 화합 및 신령들과의 일치를 보여주기 위해 경기를 벌인 데서 기원했다는 설이 있다. 그리고 부족 공동의 헌제라는 기본적인 기능을 유지하면서 칸과 부족장의 전사 선발을 위한 전투능력 경기에서 기원했다는 설이 있다. 또 다른 설은 과거 분쟁 해결의 수단이었던 동족 간 전쟁을 대체하는 수단으로 발생되었다는 것이다. 오랜 세월 동안 부족 간 분쟁을 전쟁으로 해결해 오던 부랴트족이 유혈 전쟁의 해로움을 인식하고 부족들 간의 합의를 통해 모두 모여 활쏘기 경기를 벌인 데서 기원했다는 것이다. 그 외에 수르하르방이 사회적인 재판의 성격을 띤 집회에서 기원되었다는 설도 있다.

수르하르방을 거행하는 장소와 기간, 경기의 조건과 상품에 대해서 각 집안의 대표들이 함께 모여 논의하여 정하며, 수르하르방에 참가하는 선수들은 보통 몇 개월 전에 준비를 시작한다. 새로운 옷과 마구를 갖추고 말 달리는 연습을 한다. 씨름에 참가하는 선수들은 되도록 일은 적게하고 영양많은 음식을 많이 먹어 체력을 키우면서 경기를 준비한다. 씨족별로 부자들이 집안 대표로 출전하는 씨름 선수가 훈련을 하는 동안 음식을 제공하고 씨름에 사용되는 가죽 재킷을 만들어주는 관습이 있다.

수르하르방이 거행되는 장소에는 각지에서 수천명이 모여든다. 거대한 스포츠 축제이므로 민족에 무관하게 많은 관객과 상인들이 모여든다. 부랴트인들은 명절 옷을 입고 말을 타고 온다. 과거에는 수르하르방에 남자는 연령과 신분에 무관하게 모두 갈 수 있었지만, 여자는 미혼녀와 어린아이만 갈 수 있었고 기혼녀는 갈 수 없었다.

축제에 모여든 많은 사람들이 활을 쏘는 장소를 중심으로 거대한 반원을 그리고 서며, 말달리기 경주에 참가하는 말들은 한쪽에 몰아둔다. 말들을 계속해서 앞뒤로 움직이게 하여 근육의 적당한 긴장이 유지되게 한다. 활쏘기 장소에는 경기가 시작될 때까지 활기가 가득하다. 노인들은 한쪽에 나란히 앉아 술을 마시며 대화하고, 젊은 처녀총각들은 그곳에서 만나기로 한 친척이나 친구들을 찾아 군중 속을 헤매다닌다. 그러다가 만나게 되면 반갑게 인사하고 서로 담배나 단 것을 대접한다. 아이들은 즐겁게 소리치면서 어른들 사이를 이리저리 몰려다닌다. 남녀 모두 다양한 색깔로 장식된 전통 의상을 입고 있다.

그곳에서는 주변 마을 상인들이 계란, 빵, 담배, 사탕, 과자, 다양한 열매를 가져와 판매하며, 포도주나 보드카 등 술을 파는 임시 주점도 문을 연다. 부랴트인은 보통 길을 떠날 때 아무 것도 가지고다니지 않으므로, 그곳에서 두세배 가격을 지불하고 모든 것을 사먹는다.

수르하르방은 기본적으로 활쏘기, 씨름, 말달리기, 원무의 순서로 진행된다.

먼저 활쏘기 경주를 위해 관중들로 형성된 거대한 반원의 중심에 과녁을 설치해 둔다. 과녁을 더 많이 맞추어 쓰러뜨린 사람이 승자가 된다. 활을 쏘는 거리는 부랴트인의 활의 길이가 약 160cm인데, 활 20개 또는 30개 거리, 또는 화살 40개 거리이다
활쏘기 경기의 승자는 그의 집안뿐 아니라 같은 마을사람 전체가 자랑스러워하고 칭송한다.

사진 17. 수르하르방 – 활쏘기(1)

사진 18. 수르하르방 -활쏘기(2)

사진 19. 수르하르방 - 활쏘기(3)

활쏘기가 끝나면 '부헤 바릴다얀'이라고 불리는 씨름 경기가 이어진다. 고대부터 내려오는 관습에 따라 두 개의 적대 진영에서 각각 노인 한명씩 반원의 중심으로 나온다. 그들은 한자리에서 맴돌며 씨름하는 시늉을 해 관중들의 열기를 고조시킨다. 그후 진짜 씨름 선수들이 등장한다. 씨름 선수는 경기하기 편하도록 아래옷을 제외하고 모두 벗고 나온다. 먼저 한 선수가 반원 중심에 앉아 상대를 기다린다. 상대가 나오면 그들은 천천히 서로에게 다가가 제자리에서 맴돌면서 양 손을 번갈아가며 땅을 짚는다. 이어서 상대에게 손을 뻗어 서로 잡고 힘을 가늠해 본다. 경기 전 또는 경기 후에 제자리를 맴돌면서 손으로 자신의 몸을 치며 춤을 추는데, 그것은 전설의 새 가루다 또는 독수리를 상징하는 춤이다. 이런 준비과정이 끝나면 본격적인 경기가 시작된다. 서로 상대의 샅바를 붙잡고 넘어뜨리기 위해 애쓴다. 승패가 결정되면 승자의 친척들은 환호하며 그를 맞이하여 술잔을 주고 술을 따라 준다. 승자는 술잔을 받아 먼저 신령들을 위해 몇방울 뿌린 뒤에 한 모금을 마시고 집안의 존경하는 노인에게 드린다. 노인은 그 잔을 받고 승리를 축하한 뒤 잔을 비우고 다시 잔을 채워 승자에게 주면 승자는 잔을 비우고 이번에는 빈잔을 친구에게 준다. 이런 절차가 끝난 후 승자는 옷을 입는다.

한편, 호리 부랴트와 아가 부랴트의 씨름에는 약간의 차이가 있다. 호리 부랴트는 손이나 무릎이 먼저 땅에 닿는 사람이 패자가 되는데, 아가 부랴트는 상대를 땅에 주저앉혀야 승자가 된다. 씨름 선수는 우리의 샅바와 같은 허리띠를 매고 경기를 하며, 체중에 따른 등급은 없다. 씨름 경기 승자는 독수리춤을 추며, 상으로 양을 받는데 그것을 손으로 들고 간다. 경기 끝 부분에 가장 뛰어난 선수가 원하는 사람 모두의 도전을 받아주기도 한다.

사진 19. 수르하르방 – 씨름(1)

사진 20. 수르하르방 – 씨름(2)

수르하르방의 마지막 볼거리는 말달리기다. 경주마들이 열을 지어 서있다가 신호에 따라 출발한다. 경기장을 한 바퀴 돌아 결승선에 먼저 도착하는 말이 승자가 된다. 달리는 거리는 보통 3~4km이다. 기수는 보통 어린 소년들이며, 경기 수 주전부터 말을 훈련시켜 준비한다. 뛰어난 기수는 고삐를 놓은채 양손에 모두 채찍을 들고 번갈아 사용하며 말을 몰아 달린다. 경주가 끝나면 승리한 말과 기수를 칭송하는 순서가 이어지는데, 말 주인뿐 아니라 집안 모두 승리를 자랑스러워하고 기뻐한다.

사진 21 .
수르하르방 – 말달리기(1)

사진 22 .
수르하르방 – 말달리기(2)

수르하르방의 대미는 모두 손에 손잡고 노래하며 추는 원무 '요호르'라고 할 수 있다. 선수와 관중 등 원하는 사람 모두가 참여하는 원무를 통해 화합과 일치라는 스포츠 축제의 의미를 되새기며 다음에 다시 만날 것을 기약한다.

사진 23.
수르하르방에서 원무를 추는 모습

요르도 야산에서의 축제 '요르도인 나아단'

'요르도인 나아단'은 바이칼에서 서쪽으로 2km 정도 떨어진 안가강 우측 강변에 위치하는 요르도라는 이름의 야산을 중심으로 거행되는 부랴트족 민속 축제이다. 이 축제는 18세기까지 부랴트인 부족연합 축제로서 정기적으로 거행되었다. 그러나 18세기에 러시아정교 선교사들이 바이칼 지역에 들어와 선교활동을 하면서부터 위축되기 시작하여 20세기 초 이후 거의 사라졌다. 그러다가 20세기 말 두가로프 교수 등의 노력으로 복원되어 21세기 초에 거의 100년만에 재개되었으며, 부랴트족의 민족 전통 복원의 명시적인 예가 되고 있다.

요르도인 나아단은 유목민의 봄철 축제가 그렇듯이 겨울 유숙지에서 여름 유숙지로의 이동을 마친 후에 거행되었다. 부랴트족의 다른 축제와 마찬가지로 요르도인 나아단에서도 씨름, 활쏘기, 말달리기 등 남자들의 3종 경기, 그리고 무거운 돌 들어 옮기기 등 다양한 경기가 포함되었다.

젊은 청년들은 그런 경기들을 통해 힘과 민첩성, 인내력을 겨루고, 승자가 된 경우에는 가축을 상품으로 받으며, 아름다운 아가씨의 선택을 받고 민담의 주인공이 되는 영광을 누릴 수도 있었다.

부랴트인을 구성하는 각 부족은 나름의 신성한 장소에서 민속 축제를 거행했다. 신성한 장소는 보통 산이었는데, 아가 부랴트는 알하나이산, 바르구진 부랴트는 바라그한-우울라산, 툰카 지역의 부랴트는 문도르가산, 쿠다 지역에서는 바이토그산 등을 신성하게 여겨 그런 산을 돌면 복과 성공이 찾아온다고 여겼다. 부랴트족은 그런 여러 산들 가운데 요르도산에서 열리는 축제 참가에 특별한 의미를 부여했다. 이 축제는 널리 알려져 바이칼 동부와 서부의 먼 곳에 사는 부랴트인들도 참가하고 있다.

요르도인 나아단이 열리는 요르도 산은 올혼섬으로 운행되는 선박이 정박하는 포구가 위치한 옐란치 마을에서 서쪽으로 8~9km 거리, 안가강 우안에 위치한다. 요르도 산은 두 개의 반구형 구릉으로 형성되어 있는데, 그중 더 높은 구릉이 바로 '예허 요르도'라고 불리는 축제의 중심장소이다. 높이는 약 34m 정도이며, 둘레는 이 구릉을 완전히 둘러싸는데 700명 이상이 필요한 정도이다.

이 야산의 정상 바로 아래 완만한 서부 경사면에 고대 성지가 있다. 그곳에는 돌받침 위에 5m 크기의 거대한 평평한 돌이 두 개 놓여있고 그 아래에 공간이 형성되어 있는데, 그 공간 바깥쪽은 돌로 벽이 쌓여 막혀있다. 고대에 그곳에 불을 피웠다고 한다.

요르도인 나아단이 열리면 샤먼들은 그 야산 정상에서 노간주나무를 태워 연기를 내 땅의 신령들을 위무하고, 사람들을 질병에서 보호하고 제때 비를 보내주고 가축이 번성하게 해달라고 빌었다. 샤먼 전승에 따르면, 요르도산은 땅과 하늘을 연결시키는 신성한 곳이며, 그곳에는 높고 낮은 다양한 위계의 신령들의 세계가 열려있다고 한다.

바이칼은 시베리아에 거주하는 여러 민족들의 기원이 된 곳으로서 많은 민족들이 바이칼과 주변의 땅을 신성하게 여겼다. 요르도산은 바로 그런 성지 가운데 하나이며, 요르도산을 중심으로 과거 수천년 동안 이어졌던 여러 민족들이 모여 함께 기도하는 의례가 노래와 춤, 스포츠 경기가 동반된 축제가 된 것으로 보인다.

요르도인 나아단은 부랴트 전통 씨름, 활쏘기, 막대기 당기기, 야쿠트 민속 뜀, 무거운 돌 옮기기, 장기, 말달리기 등 민속 경기와 춤과 노래경연으로 구성되며, 축제의 꽃은 700명 이상이 손에손잡고 노래

하고 춤추며 '예허 요르도'를 완전히 둘러싸고 도는 원무이다.

요르도인 나아단은 2001년부터 다시 시작되어 2005년, 2011년, 2013년, 2015년, 2017년에 개최되었으며, 2년 주기로 개최하는 것으로 정해졌다.

사진 24. 예허 요르도산을 둘러싼 원무 모습

사진 25.
샤먼이 요르도산 정상을
돌며 기도하는 모습

사진 26. 막대기 잡아 당기기

사진 27. 무거운 돌 들어 옮기기

부랴트족의 현대 축제들

부랴트 민족 통합과 연대를 위한 축제 '알타르가나'

사진 28. 노란 꽃이 핀 알타르가나

'알타르가나'는 1994년에 시작되어 매 2년마다 몽골의 울란바타르, 러시아의 울란우데, 치타, 이르쿠츠크에서 번갈아가며 열리는 전세계 부랴트인을 위한 국제페스티벌이다. '알타르가나'라는 축제 명칭은 스텝에서 자라는 알타르가나(caragana pygmaea, 난쟁이 골담초)라는 식물 이름에서 따온 것이다. 알타르가나는 잎이 작고 노란 꽃이 많이 피는데, 뿌리가 튼튼하여 돌이 많은 산 경사면이나 사질토의 스텝에서도 잘 자란다. 뿌리가 튼튼하여 열악한 환경에서도 잘 자라는 알타르가나는 부랴트인의 고향땅과 민족의 역사, 문화에 대한 애착을 상징하며, 역사적인 고난 속에서도 민족의 가치와 정체성을 지켜온 부랴트족의 끈기를 연상시킨다. 또한 알타르가나는 바이칼에서 고비 사막까지의 영역에 서식하는데, 이 영역이 역사적으로 부랴트족이 분포했던 지역과 일치하기도 한다. 그런 다양한 상징적 의미를 가진 축제 '알타르가나'는 부랴트인의 정신적 통합을 의미하는 축제, 과거를 돌이켜 현재를 이해하고 미래

사진 29. 돌무더기 틈에서 자라난 알타르가나

를 전망하면서 민족 정체성을 회복하기 위해 함께 모여 부랴트족의 미래를 생각하는 자리가 되었다.

알타르가나는 1994년 몽골의 헨테이 아이막 행정부 문화국의 문흐자르갈의 제안으로 처음 개최되었다. 부랴트인이 다수 거주하는 몽골의 헨테이 아이막에서 부랴트 노래 제전을 개최하자는 아이디어가 알타르가나 축제의 시발점이 되었으며, 약 8만명에 달하는 몽골 내 부랴트인들의 적극적인 공감과 동참이 있었다.

1994년부터 2000년까지의 알타르가나는 몽골 내 여러 아이막에서 개최되었다. 이후 2002년에는 아가 부랴트자치구에서 열렸으며, 러시아의 부랴트공화국, 우스티-오르다 부랴트자치구, 아가 부랴트자치구, 상트-페테르부르크, 노보시비르스크 등 여러 도시와 중국에 거주하는 부랴트인이 참가했다. 그후 2004년에는 몽골의 초이발산, 2006년에는 울란우데, 2008년에는 이르쿠츠크, 2010년에는 다시 몽골의 울란바타르에서 개최되었다. 2012년에는 아가 부랴트자치구, 2014년에는 알타르가나 축제 발생지인 몽골 헨테이 아이막의 다달 소몬에서 열렸다. 2016년에는 울란우데에서 열렸으며, 2018년에는 이르쿠츠크주 프리안가리예에서 열릴 예정이다. 회를 거듭할수록 알타르가나에는 각지에서 더 많은 부랴트인이 참가하고 있으며, 관중의 수도 점점 늘어나고 있다.

알타르가나에서는 활쏘기, 씨름, 말달리기, 뼈 부수기 등 각종 스포츠 경기 외에 미인대회, 모델 선발대회, 사진전, 공예작품전, 부랴트민요 경연대회, 부랴트어 시와 산문 백일장, 부랴트 전통시 낭송대회, 예술-기록영화제 등 다채로운 문화-예술 경연대회와 전시회가 열린다.

사진 30. 알타르가나 2008 개막식

사진 31. 알타르가나 2012 개막식

사진 33. 알타르가나에서 선보이는
부랴트 민속춤

사진 32. 알타르가나 2016 개막식

국제 음악축제 '유목민의 목소리'

'유목민의 목소리'는 스텝에서 열리는 월드뮤직 형식의 국제음악 축제다. 부랴트공화국 문화부가 기획한 이 축제는 '자유로운 사람들의 자유로운 음악 공간' 조성을 목적으로 조직되었으며, 부랴트 민족의 미래라는 이념에 바탕을 두고 있다. 즉, 과거가 아닌 미래를 향한 문화의 민족적 다양성에 대한 특별한 태도가 이 축제의 기본 개념이다. 그런 맥락에서 축제의 명칭에 역동성, 이동과 자유의 상징인 '유목민'이라는 단어가 들어간 것이다. 이 축제는 보여주기 위한 쇼 보다는 진정한 문화간 대화를 위한 장이다. 따라서 이 축제에는 민족음악을 바탕으로 현대음악을 창조하는 그룹들만 선발되어 공연을 한다.

이 축제는 2009년부터 매년 여름 부랴트공화국에서 개최되며, 2011년부터는 7월에 개최되고 있다. 부랴트 민족음악이라는 민족적, 지역적 음악축제에서 범위가 확장되어 시베리아 전역의 월드뮤직 페스티벌, 새로운 소통의 공간, 새로운 차원의 도시 문화와 민족 전통 문화의 교차로로서의 역할을 해내고 있다.

사진 34. '유목민의 목소리 2017' 포스터

사진 35. '유목민의 목소리 2017' 공연 장면

'유목민의 목소리 2017'은 울란우데에서 동북쪽으로 약 50km 떨어진 아짜가드라는 마을에서 개최되었다. 7월 14일 밤부터 15일 밤까지 부랴티야, 티바, 몽골 등에서 참가한 가수들이 각각 1시간 정도씩 공연을 했으며, 7월 15일 오후에는 여러 민족의 의례, 놀이, 스포츠, 음식을 접하고 민속 공예품을 구입할 수 있는 마당이 열렸다.

부랴트 원무 요호르 대중화를 위한 축제 '요호르의 밤'

이 축제는 부랴트 전통 원무인 요호르를 보존하고 대중화시켜 새로운 경제상황 속에서 부랴트인들이 새로운 형식의 여가를 가지도록 하는 것을 목적으로 2008년부터 매년 7월 울란우데에서 개최되고 있다.

축제는 전문가들의 요호르 특강, 부랴트족의 관습과 전통문화에 관한 퀴즈대회, 음악경연대회 등으로 구성된다. 음악경연대회에는 러시아 전역에서 약 10여개 그룹이 참가한다. 입상팀에게는 부랴트 전통 마유주 타라순과 양 한 마리가 수여된다.

이 축제의 정점은 마지막 날 밤 커다란 모닥불을 피우고 모두 손에손잡고 원무를 추는 것이다. 원무에 참가하는 사람의 수가 약 3천 명에 달한다. 원무가 진행되는 동안 여름 밤하늘은 불꽃놀이로 화려하게 채색된다.

요호르는 태양을 상징하는 고대 원무이다. 해의 이동방향으로 돌면서 요호르를 추는 사람들은 전혀 새로운 정신적인 일체감과 상호 우호감을 느끼게 된다.

사진 36. '요호르의 밤' - 민속 앙상블의 공연

사진 37. '요호르의 밤' – 모닥불을 중심으로 원무를 추는 모습

부랴트 전통 고기만두 축제 '부우진 바야르'

2010부터 가장 큰 명절인 사가알간 범위 내에서 '부우진 바야르'라는 전통 고기만두 축제가 열리고 있다. 축제에는 다양한 부랴트 전통 음식이 등장하지만, 중심이 되는 음식은 부랴트 전통 고기만두 부우자이다. 중국, 몽골에도 유사한 음식이 있지만, 고기와 밀가루의 조화 그리고 모양 면에서 부랴트의 부자가 가장 뛰어나다고 평가된다.

부우자는 연중 어느 때나 맛볼 수 있지만, 사가알간 기간 중에 축제가 열린다는데 의미가 있다. 울란우데 중앙 광장에 여러 개의 유르트가 설치되어 부우자를 비롯한 다양한 부랴트 전통 음식의 맛을 겨룬다. 이 축제에서는 부랴트족의 다양한 전통놀이에도 참가할 수 있고 연극도 볼 수 있다.

사진 38. 전통 고기만두 축제 '부우진 바야르'

사진 39. 부랴트 전통 고기만두 부우자

수상 스포츠 축제 '바이칼의 바람'

이 축제는 바이칼에서 열리는 익스트림 스포츠 전문가들과 애호가들을 위한 스포츠-레저 축제이다. 여름과 작열하는 태양, 모래사장, 신선한 바람, 거친 바이칼 파도를 좋아하는 누구나 참가할 수 있다.

3일의 축제 기간 동안 참가자들은 윈드서핑, 카이트서핑, 카약경주, 스탠드업 패들보딩, 비치 밸리볼 등 여러 가지 종목의 경기에 출전할 수 있다. 관중들도 카약이나 카누, 스탠드업 패들보딩, 수영 경기에 참가할 수 있다. 아마추어들을 위한 강습 코스도 열린다.

낮에는 요가, 사진전, 라틴댄스 경연 등이 진행되며, 모래사장에서 각종 경기도 열린다. 영화도 상영된다. 밤에는 자작곡 경연대회, 울란우데와 이르쿠츠크의 최상의 디제이들이 주도하는 춤판도 열린다.

사진 40. '바이칼의 바람' 포스터

사진 41. '바이칼의 바람' 참가 선수들

등산 축제 - '문쿠-사르디크' 등반

2010년부터 시작되어 매년 4월 말~5월 초에 이루어지는 산악 등반 축제로서, 주요 행사는 참가자가 모두 함께 사얀산맥의 정상이자 동시베리아에서 가장 높은 봉우리인 눈쌓인 문쿠-사르디크에 오르는 것이다. 이 등산 축제에 참가하려면 등산 경험이 많아야 하고 겨울 등산 장비를 갖추어야 한다. 문쿠-사르딕 정상 등반자에게는 기념 배지가 선물되는데, 매년 약 800~2000명이 받고 있다.

등반 프로그램에는 빠른 속도로 등반하는 스카이런닝이 포함되어 있다. 매년 축제 참가자 수가 늘고 있으며, 산 경사면에 프리라이드 캠프가 설치되어 있어 스노우보드와 산악스키도 탈 수 있다.

사얀산맥은 부랴트족이 성지로 여기는 곳이다. 사얀산맥의 산신령의 이름은 부렌-칸이다. 산신령을 모시는 산제는 샤먼 전통에 따라 이루어진다. 산 정상까지 오르지 못하는 참가자들은 모닥불 가에서 노래를 부르며 쉴 수 있다. 축제 프로그램에 노래경연대회도 포함되어 있다.

사진 43. '문쿠-사르디크 2016' 포스터

사진 42. 문쿠-사르디크봉 정상

참고문헌

Абаева, А.А. Жуковская, Н.Л. Буряты. М.: Наука, 2004.

Бадаева, З.А. Бурятские народные праздники в контексте теории аккультурации. Вестник БГУ, №6, 2013. СС. 150-153.

Дашиева, Л.Д. Семантика бурятского кругового танца ёхор. Вестник томского государственного университета, №311, 2008. СС. 44-46.

Егорова, Т.К. Праздники народов Бурятии: Дайджест. Улан-удэ, 2010.

Левин, М.Г., Потапова, Л.П. Народы Сибири. М.: Издательство АН СССР, 1956. СС. 217-266.

Хангалов, М.Н. Собрание сочинений. Т.1. Улан-удэ: Республиканская типография, 2004. СС. 226-231.

www.TOURPROM.ru

https://vk.com/nairamdalfest

http://ulanmedia.ru/news/556152/

http://erdy.ru/o-festivale/opisanie

http://baikal-tales.ru/traditions/30060/

https://burunen.ru/site/news?id=16043

https://www.kp.ru/best/irk/sagaalgan2017/

http://eventsinrussia.com/region/buryat-republic

https://ru.wikipedia.org/wiki/%D0%91%D1%83%D1%80%D1%8F%D1%82%D1%8B

http://studbooks.net/618866/kulturologiya/natsionalnyy_prazdnik_buryat_surharbaan#18

https://ru.wikipedia.org/wiki/%D0%A6%D0%B0%D0%B3%D0%B0%D0%BD_%D0%A1%D0%B0%D1%80

사진 출처

1	https://ru.wikipedia.org/wiki/%D0%91%D1%83%D1%80%D1%8F%D1%82%D0%B8%D1%8F#/media/File:Map_of_Russia_-_Buryatia_(Crimea_disputed).svg
2	https://lunalife.ru/zhemchuzhina-buryatskoj-kuhni/
3	https://buryatia.drugiegoroda.ru/culture/10686-buuzy-i-pozy/
4	https://buryatia.drugiegoroda.ru/culture/15095-buryatskij-chaj/
5	https://gotonature.ru/768-legendy-i-mify-ozera-baykal.html
6	http://aginskydatsan.ru/news/207
7	http://abhidharma.ru/A/Abhidharma.htm
8	http://www.sbras.info/articles/simply/belyi-prazdnik-dlinoyu-v-mesyats
9	http://selorodnoe.ru/album/show/id3635432/
10	https://ru.wikipedia.org/wiki/%D0%91%D0%B0%D1%83%D1%80%D1%81%D0%B0%D0%BA
11	http://selorodnoe.ru/news/show/id3694220/
12	http://selorodnoe.ru/news/show/id3694220/
13	https://www.sport-rb.ru/tag/razbivanie-hrebtovoy-kosti-heer-shaalgan
14	https://bgtrk.ru/news/sport/105625/
15	http://burouu.ru/content/view/342/149/
16	http://dzhida.ru/surharban-2017-fotoreportazh/24-15/
17	http://www.dss-sport.ru/media/160/
18	http://soyol.ru/art/narody/3771/
19	https://upload.wikimedia.org/wikipedia/commons/7/7f/Buryat_wrestling_04.jpg
20	http://selorodnoe.ru/news/show/id3693584/
21	https://www.sport-rb.ru/tag/igre-v-kosti-shagay-naadan
22	https://upload.wikimedia.org/wikipedia/commons/e/ee/%D0%9A%D0%BE%D0%BD%D0%BD%D1%8B%D0%B5_%D1%81%D0%BA%D0%B0%D1%87%D0%BA%D0%B8.jpg

23	http://minkultrb.ru/media/photo/detail.php?ELEMENT_ID=1713
24	http://erdy.ru/photo/erdynskie-igry-2013
25	http://erdy.ru/photo/yordynskie-igry-2011
26	http://baikal24-sport.ru/text/13332#
27	https://www.irk.ru/news/photo/20130618/fete/#event=256003
28	https://upload.wikimedia.org/wikipedia/commons/d/d1/Caragana_pygmaea2.jpg
29	http://soyol.ru/art/narody/3771/
30	http://irkipedia.ru/content/altargana_2008_etnokulturnyy_festival
31	https://upload.wikimedia.org/wikipedia/commons/c/cd/%D0%9E%D1%82%D0%BA%D1%80%D1%8B%D1%82%D0%B8%D0%B5_%22%D0%90%D0%BB%D1%82%D0%B0%D1%80%D0%B3%D0%B0%D0%BD%D1%8B%22.jpg
32	https://www.youtube.com/watch?v=ETRR7mSXb3o
33	http://asiarussia.ru/articles/11924/
34	http://agaar.ru/news/section-preview/detail-2022/
35	http://theatre-baikal.ru/about/news/?SHOWALL_1=1
36	https://www.infpol.ru/news/society/127759-vlasti-buryatii-predlozhili-raskachat-festival-golos-kochevnikov-do-nashestviya/
37	https://www.culture.ru/events/202985/festival-noch-yokhora
38	http://www.2r.ru/objects/67553
39	https://buryatskie-pozy.ru/product/buuzy-goryachie-svinina-i-govyadina-1-sht/page/6
40	http://www.sport-rb.ru/taxonomy/term/1214/
41	http://liveangarsk.ru/news/20170816/sportsmeny-iz-i
42	http://miraman.ru/tourism/asia/ekspeditsiya_v_mongoliyu_bajkal_voskhojdenie_na_munku_sardyk
43	https://vk.com/munkufest

에벤족의 풍어제 "첫 물고기 축제"

문준일(한국외국어대학교 러시아연구소 초빙연구원)

에벤인들은 누구인가

에벤인들의 기원

에벤족은 시베리아의 만주퉁구스어파에 속하는 민족의 하나로 자신들이 거주하는 지역의 자연환경에 적합한 자신만의 독특한 문화를 만들어 왔다. 에벤족의 기원은 그들과 유사한 에벤키족과 마찬가지로 퉁구스족과 연결되는데, 야쿠티야 북동쪽과 추코츠크 그리고 캄차트카로 이주하는 과정에서 코랴크족과 유카기르족의 문화적 요소들을 받아들인 퉁구스족으로 추측된다. 야쿠티야에 거주하는 에벤인들은 야쿠트인들의 영향을 매우 강하게 받았다. 17세기 중반 러시아인들이 에벤인들과 만났을 때 그들은 오호츠크 해 연안과 베르호얀스크 산맥, 콜리마 강, 인디기르카 강, 오몰론 강에서 유목을 하고 있었다. 18세기과 19세기 전반기에 에벤족들은 오호츠크 해 북쪽 지역과 캄차트카 반도에 도달하였다.

에벤족은 에벤키족과 매우 근접한 친족관계에 있는 민족이다. 에벤키족들과 마찬가지로 짐승을 사냥하고, 언어도 에벤키어와 유사하다. 하지만 "시베리아의 원주민"이라 불리는 에벤키족과 달리 에벤족은 거주지역이 에벤키족처럼 그렇게 넓은 지역에 퍼져 있지 않고, 주로 야쿠티야, 하바로프스크 변강주, 마가단 주와 캄차트카 변강주에 주로 살고 있다.

2010년에 실시된 전러시아 인구조사 자료에 의하면 러시아 국내에는 22,383명의 에벤족이 살고 있다. 그들 중 대부분이 야쿠티야에 살고 있는데, 15,071명이다. 나머지는 하바로프스크 변강주에 1,128명, 캄차트카 변강주에 1,872명, 마가단 주에 2,635명, 추코츠크 자치구에 1,392명 그리고 국내 다른 기타 지역에 285명이 거주하고 있다. 이 통계에서 보듯이 에벤족은 주로 러시아연방의 동쪽지역에 집중적인 인구분포를 보이고 있다.

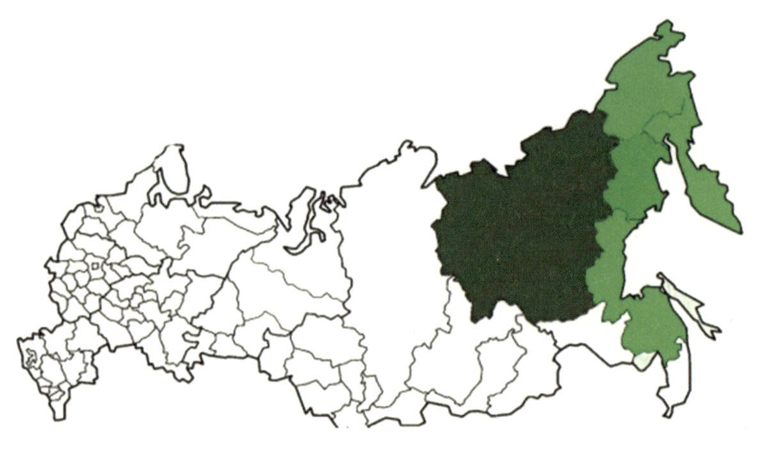

사진1. 에벤족 분포도

에벤족의 명칭과 언어

에벤족을 불렀던 옛 이름들 중의 하나는 '라무트(lamut)'이다. 이 이름은 '라무(lamu)'라는 단어에서 나왔는데, '바다'를 뜻한다. 아마도 고대에 시베리아의 바이칼 호수를 이렇게 불렀을 것으로 추측된다. 또 다른 이름은 '오로첼(orochel)'이다. '순록의 사람들'이라는 뜻이다. 스스로를 지칭하는 명칭인 '에벤'은 '이곳의, 이 지역의'라는 뜻이다. 예전에는 퉁구스나 라무트라고 불리기도 하였으나, 1930년대 이후 '에벤'이 민족을 지칭하는 명칭이 되었다. 2000년 러시아 정부에 의해 소수민족 지위를 부여받았다.

에벤어는 알타이어족 만주 퉁구스어 그룹에 속하며 에벤키어와 매우 가깝다. 동사의 형태가 매우 풍부한 특징을 가지고 있다. 동부, 서부, 중부 방언군으로 나뉘지며 캄차트카와 오호츠크 지역의 방언이 포함되는 동부 방언군이 표준어를 이루고 있다. 에벤어의 문자 표기는 1931년 라틴문자에 기반해서 사용하였으나, 1937년 러시아어 문자인 키릴문자로 바꾸었다.

사진2. 에벤족의 모습

에벤인들의 종교

러시아에 의해 정교가 전파되기 전 에벤인들의 종교는 샤머니즘이었고, 자연과 동물의 주인이 되는 영혼을 믿었다. 하지만 19세기 말경에 이르러자 에벤족은 시베리아 소수민족들 중 가장 기독교화된 민족들 중의 하나가 되었다. 에벤족 거주 지역에서의 활발한 선교활동으로 정교 교회들이 세워졌고, 1850년대에 사제장 포포프 신부는 에벤어로 기도문과 복음서를 펴냈다. 19세기 초에는 아르겐토프 신부가 콜리마 강에서 이교도들이 사라졌다 라고 말할 정도였다. 정교는 실질적으로 에벤인들의 삶의 모든 부분을 장악하였다. 아기의 탄생, 결혼, 죽음, 일상생활, 의식과 축제 등 모든 것이 정교의 전통에 의해 조정되었다. 단적인 예를 들어보자면, 키췬긴 지역에 사는 에벤인들은 코랴크인들과 혼인하는 조건이 그들이 정교를 받아들인다는 것이었다. 집을 꾸미는 필수 품목은 그 집이 어떤 종류이던 상관없이 성상화였다. 유목지를 이동할 때는 성상화를 운반하는 용도의 순록이 따로 지정되어 있었다.

1925년 올라 현에서 개최된 대회에서 다음과 같은 청원이 중앙에 제기되었을 정도이다. "올라에 교구 신부를 보내주시기 바랍니다. 아이가 태어나는데, 그 아이의 이름을 어떻게 부를지 모르고, 또 세례를 해줄 사람이 아무도 없습니다." 이후 소비에트 정부의 강력한 반종교 선전의 결과로 에벤인들은 다른 시베리아 소수민족들 같이 전통적인 제례의식으로 조금 돌아가기도 했다. 하지만 오늘날 에벤인들의 종교는 러시아 정교가 대다수를 차지한다. 정교를 믿는 에벤인들은 이름과 성을 러시아식으로 쓰고 있다.

과거에는 태양에 대한 제의가 널리 퍼졌었다. 태양은 강력한 신격으로 간주되었는데, 그에게 무엇을 부탁하는 제의를 할 때는 항상 제물을 바쳤다. 부족 중에 누군가 병이 났을 때 주로 이런 제의를 거행했는데, 제물은 주로 순록을 썼다. 제물이 될 순록은 샤먼이 고르거나 점을 쳐서 골랐다. 점을 칠 때는 집안에 있는 아궁이가 내는 탁탁거리는 소리에 귀를 기울였다. 이것으로 보아 고대의 태양 제의는 불 제의와 어느 정도 관계가 있다고 말할 수 있다. 제물을 바치는 의식에는 모든 부족민들이 다 참가했으며 태양에게 바친 순록 고기는 반드시 의식을 행한 그 날 다 먹었다. 가죽은 나무에 비스듬히 걸쳐둔 긴 작대기에 걸어놓았고, 작대기 옆에는 방금 벤 낙엽송 두 개를 세워놓았다.

에벤인들의 곰 축제

에벤족 고대의 제의 중 중요한 것 하나는 곰 제의이다. 곰을 사냥할 때 사냥꾼들은 곰에게 인사를 건네고, 곰이 와준 것에 대해 감사를 표시한다. 사냥에서 잡은 곰은 스스로 와준 것으로 생각하기 때문이다. 곰 고기는 부족 전체가 집단적으로 먹어치운다. 이런 행사를 위해 축제가 만들어지게 된다. 에벤족에게 곰 축제는 매우 중요한 제의들 중의 하나로 에벤어로 '우르카착(Urkachak)'이라고 한다. 곰의 머리와 몸통 윗부분은 신성한 것으로 여겨져 여성이 먹는 것은 금지한다. 곰의 고기를 다 먹은 다음에는 곰의 뼈로 장례를 치러준다. 즉 곰의 뼈를 기둥을 세운 널빤지에 해부한 순서대로 놓아두는 것이다. 에벤족은 거의 19세기까지 기둥에 고정시킨 널빤지에 시신을 올려두는 풍장으로 장례를 치렀다. 두개골을 낙엽송 꼭대기에 걸어놓는 경우도 가끔 있다. 곰의 고기를 나누어 먹을 때는 '니마트(nimat)'라는 관습을 철저히 지켰다. 머리를 제외한 고기는 유숙지의 모든 사람들에게 나누어 주었다.

니마트는 에벤인의 삶에서 전통적으로 중요한 역할을 했던 관습이었다. 이것은 사냥꾼이 큰사슴이나 순록을 잡으면 머리와 가죽은 자신이 가지지만 나머지는 이웃이나 마을사람, 친척, 노인이나 과부에게 나누어주어야 하는 관습이다. 니마트는 북시베리아의 가혹한 자연환경 속에서 정기적이지 않은 사냥물로 모두가 생존할 수 있도록 해주었고, 이웃들과의 친밀한 관계를 정립해 주었다. 한 가지 흥미로운 점은 이 관습이 동족들에게만이 아니라 주위에 있는 다른 민족 사람들에게도 적용된다는 것이다. 타이가나 툰드라에서 옆에 있는 사람에게 먹을 것을 나누어주지 않는 것은 그를 죽이는 것과 마찬가지이기 때문이다.

에벤인들과 순록

에벤족의 경제활동은 순록과 밀접한 연관을 가지고 있다. 에벤족의 생활에 순록은 떼어놓을 수 없는 삶의 동반자이다. 그들은 순록을 방목하면서 이 유목지에서 저 유목지로 이동하는 유목의 삶을 살아왔다. 에벤족의 순록은 추코트나 코랴크족의 순록보다 더 크고, 힘이 세고, 참을성이 강하다고 한다. 그래서 에벤족 순록 1마리를 사기 위해서 축치족이나 코랴크족은 자신들의 순록 2마리를 주었다 라는 이야기도 있다. 순록은 타고 다니거나 짐을 실어 나르는 용도로 사용했다. 캄차트카와 축치족, 코랴크족 접경 지역에 거주하는 에벤인들은 축치족과 코랴크인들의 영향을 받아 미끄럼대가 앞쪽에서 둥글게 연결되는 썰매를 사용했고, 야나 강과 인디기르카 강 유역에 사는 에벤인들은 야쿠트족의 영향을 받아 미끄럼대가 앞쪽에서 직선으로 연결되는 썰매를 썼다. 북방 시베리아 민족이 쓰는 가늘고 긴 형태의 이 썰매를 '나르타(narta)'라고 한다. 순록 유목 외에도 에벤족은 사냥과 어로를 병행하기도 했다. 순록과 북방사슴, 산양을 사냥했다. 스키를 타거나 순록을 타고 사냥했으며 사냥개를 이용하기도 했다. 물고기를 잡는 것은 보조적인 성격을 가졌으며, 작살과 낚싯대 등의 도구를 이용하였다.

사진 3. 순록을 탄 에벤인

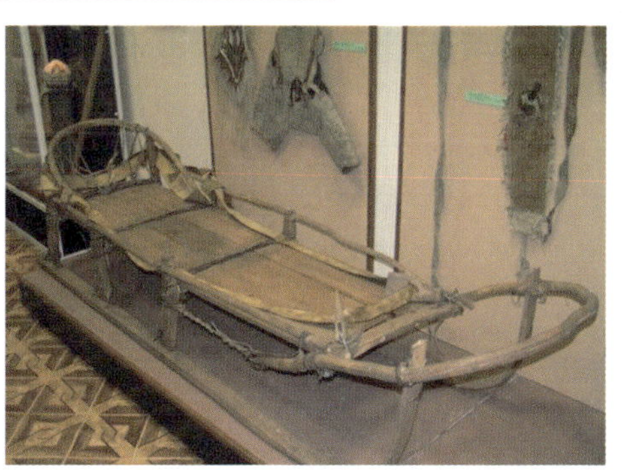
사진 4. 나르타

에벤인들의 가족체계와 결혼풍습

에벤족은 가부장적인 가족체계를 가지고 있었고, 아들들은 결혼 전까지 아버지에게 완전히 종속되어 있었다. 에벤족의 결혼풍습은 신부감이 신랑의 집으로 오는 것이 원칙이다. 순록을 타고서 말이다. 물론 이렇게 순록을 타고 신부가 신랑의 천막으로 오기 전에 선행되는 일들이 있다. 처음에 젊은 총각의 아버지가 어느 부족에서 신부감을 데려올지를 정하고 그런 연후에 중매쟁이를 보낸다. 그들의 중매는 성공적일수도 또 실패 할 수도 있다. 예를 들어 캄차트카 지역의 에벤족들의 풍습을 보면 신부의 부모들이 중매쟁이가 건넨 담뱃대로 담배 피우기를 거절했다면 그것은 다른 집에서 신부감을 찾아보라는 의미가 된다. 결혼을 시키기로 합의가 되면 신랑의 부모가 신부쪽에 에벤어로 '토리(tori)'라고 불리는 예물이나 돈을 지불해야 한다. 이 '토리'는 신부가 가지고 오는 지참품의 2~3배를 넘는다. 그런 다음 신부를 순록에 태워 많은 친척들이 동행해서 신랑의 집으로 데리고 간다. 신부는 자기의 새로운 집에 들어가기 전에 천막을 세 번 돈다. 왼쪽에서 오른쪽으로 그러니까 해가 움직이는 방향으로 돌고 나서 천막으로 들어가서 제일 먼저 가지고 온 솥을 꺼내어서 순록고기를 삶는다. 솥에 고기가 익으면 결혼 연회가 시작되는 것이다. 신부가 가지고 온 지참품은 천막 바깥에 다른 사람들이 구경하도록 놓아둔다. 남자아이가 태어나면 가축의 일부를 나누는데 새끼를 포함하여 그 아이의 것으로 간주하였다.

에벤인들의 음식

에벤인들의 음식은 경제활동의 종류에 따라 다르긴 했지만 기본적으로 퉁구스족 기원을 가지고 있다. 기본적으로 고기가 주를 이루었다. 전통적인 음식은 삶거나 말린 순록고기나 들새들이었다. 순록사육이 경제활동에서 큰 비중을 차지하지만, 사육하는 순록보다는 사냥한 야생 동물의 고기를 주식으로 삼았다. 에벤인들이 가장 좋아하는 음식들 중 하나는 순록 위속의 내용물을 얼리거나 말린 형태로 산딸기와 함께 먹는 것이었다.

해안가에 사는 에벤인들은 삶거나 물범 지방으로 구운 물고기를 먹었다. 에벤인들의 음식에서 특별한 점은 물고기로 만든 음식이 많고 다양하다는 것이다. 오호츠크해 연안에 거주하는 정주 에벤인들은 순록이 없었고 연안에서 물고기 잡이를 하거나 물범 사냥을 했고, 썰매 개를 길렀다. 연안에 사는 에벤인들은 회귀어류인 연어를 잡았고, 강 중류나 상류에서 바다송어, 곤들매기, 사루기를 잡았다. 물고기를 잡는 기본적인 도구는 낚시였고, 그물과 어망은 1920년대에 들어와서 사용하기 시작했다. 물고기는 말리거나 발효시켜서 겨울을 나기 위해 저장했다.

에벤인들의 첫 물고기 축제

에벤족의 축제와 자연의 리듬

시베리아 소수민족들, 그 중에서도 에벤족의 축제나 의식들은 계절이 바뀌는 바로 그 바뀜의 순간에 행해진다. 자연이 눈을 뜨고 꽃을 피우고 사그라졌다가 다시 태어나는 그 변화의 순간들에 에벤인들의 축제들은 위치해 있다. 일 년 동안 이러한 순간들에 치러지는 축제와 의식들을 관통하는 하나의 이념은 끝과 시작, 자연의 소멸과 재탄생, 그리고 그 자연의 순환과 연속성일 것이다.

시베리아의 다른 민족들과 마찬가지로 에벤족의 전통 절기축제들은 따듯한 계절과 추운 계절이 바뀌는 주기와 관련이 있다. 다르게 말하자면 한 주기의 끝과 다른 주기의 시작의 사이, 소멸과 소생의 사이에 절기 축제들은 위치한다. 자연에서 시간이 나타나고 계절이 연이어 바뀌고 천체가 자리를 바꾸는 모든 것들이 인간의 삶의 과정들과 유사한 징표들로 받아들여졌기 때문일 것이다.

첫눈에 보기에도 이러한 주기들은 서로 반대되는 속성의 시간의 단편들 사이에 있다. 아침과 저녁, 봄과 가을처럼 말이다. 아침과 봄, 그리고 저녁과 가을이라는 시간의 단편의 중요한 특징은 질적 변화이다. 봄과 아침, 가을과 저녁은 변화의 시간이며 신화적 전통에서 이것은 세계의 질적 변화와 연관된다. 즉 아침과 저녁은 세계가 눈을 뜨고, 잠이 드는 시간이다. 봄과 가을에 적용시켜 말하자면 세계가 태어나고 또 소멸하는 시간이며 그 시간에 있는 세계의 질적 변화와 상징적 의미를 같이 한다. 이러한 변화를 수반하는 시간은 열린 시간이라고 부를 수 있다. 변화무상한 자연, 급격한 기온의 변화 그리고 불안정한 다른 여러 현상들은 시베리아 민족들이 봄과 가을이라는 계절에 대한 특별한 관계를 노정했을 것이다.

에벤족의 절기 축제나 의식들은 자연의 주기에서 위에서 말한 변화의 순간들과 일치한다. 풀이 피기 시작할 때, 새들이 이동할 때, 춘분 등. 계절의 바뀜, 태양의 뜨고 짐, 달의 변화 등 자연의 리듬은 인간 사회의 생활 활동을 프로그램화한다. 하지만 인간은 자신의 활동을 자연의 리듬과 일치시킬 뿐만 아니라 그 일치를 제의를 통해 더 공고히 한다. 그래서 봄과 여름, 자연이 소생하는 시간 에벤인들의 축제와 의식들은 위에서 말한 자연이 인간에게 미치는 영향을 좀 더 자세히 살펴볼 수 있는 기회를 우리에게 제공한다. 아침과 봄이라는 시간이 가지는 상징적 의미는 생명의 시작이다.

오래전부터 에벤인들에게는 자연이 소생하는 봄에 부족들의 가족들과 만남을 조직하는 전통이 있었다. 순록의 민족인 에벤인들에게 봄은 순록이 새끼를 낳는 때이다. 순록 떼를 많이 가진 부유한 에벤인들은 겨울을 지냈던 곳에서 여름철 거주지로 서둘러 이동한다. '깨끗한 곳'이라 불리는 여름 거주지는 어느 자갈 많은 샛강의 상류지역으로 여름이면 수십 명의 에벤인들이 이곳에 모인다. 부유한 에벤인들은 삼월 말이나 사월 초부터 모이기 시작하고 가난한 에벤인들은 조금 늦게 도착한다. 그래서 오월쯤이 되면 다 모이기 시작한다. 그러면 그들이 여름을 보내는 체류지는 항상 진정한 축제의 시간이 된다. 이때 에벤인들의 여흥이 시작되고, 춤과 노래, 놀이가 끊이지 않는다. 서로 서로에게 전해 내려오는 이야기를 들려주기도 하고, 산악의 영혼들과 부자들, 미인들을 기리기 위한 즉흥시를 만들기도 한다.

시베리아 소수민족들이 생활하는 지역의 가혹한 자연 환경은 그들이 자연에 순응하고 숭배하는 삶을 살게 하였다. 그래서 이 지역의 민족 축제나 의식들은 그들을 둘러싼 자연과 떼어낼 수가 없다. 순록을 놓아기르는 툰드라, 털가죽 짐승들이 살고 있는 타이가, 강으로 물고기가 돌아오는 곳이며, 그들이 해양 짐승들을 사냥해서 얻는 곳인 바다, 추위로부터 그들을 보호해주는 불 등 그들은 자연과 자연 현상을 숭배한다.

이러한 숭배는 전통 축제들에서 매우 잘 드러난다. 그 축제들은 보통 노동 활동의 시작과 끝에 시간이 맞추어져 있다. 순록이 새끼를 낳을 때나 도살 할 시기, 물고기 잡이 철이나 사냥철 등이다. 이러한 축제는 툰드라나 타이가의 여러 지역에서 유목하는 다른 부족이나 가족들과 만날 수 있는 기회를 제공한다. 그때 서로 필요한 물품들을 교환할 수도 있고, 따라서 축제들은 하나의 즐거운 장터로 바뀌기도 한다.

첫 물고기 축제

자신들이 살고 있는 자연의 리듬에 맞춘 에벤족의 축제들 중 위에서 언급한 대로 겨울을 보내고 소생하는 봄에 열리는 축제인 '첫 물고기 축제'가 있다. 오래전부터 유목민인 에벤인들은 5월 말 즈음에 약속한 장소에서 만나기로 미리 약속을 하였다. 그 때가 되면 그들은 자신들의 유숙지에 가축을 지킬 몇몇 가족만 남기고 그 곳으로 향한다. 그곳에서 함께 물고기를 잡고, 겨울을 대비해서 물고기를 말려서 '유콜라'를 만든다. 유콜라는 시베리아나 극동 원주민들이 겨울나기로 장만하는 말린 물고기를 말한다. 그리고 장터를 열어 물건을 교환하는 축제를 만든다. 당연히 그 해의 물고기 잡이가 풍성해지도록 풍어를 비는 의식도 이루어진다. 요약하면 '첫 물고기 축제'는 그 해의 물고기 잡이가 잘되도록 비는 풍어제이며, 긴 겨울을 지나 봄에 '만남'을 가지는 부족 사람들끼리 장터가 형성되는 축제이다.

소비에트 시기 시베리아 소수민족의 관습들과 축제는 열리지 못하고 소멸되었다. 축제에 당연히 등장하는 샤먼들에 대한 탄압은 전통적인 세계관과 문화를 지속하지 못하게 만들었다. 하지만 소련 붕괴 후 점차 옛 관습과 축제에 대한 관심이 높아졌다.

1992년 에벤족의 고대 축제들 중 하나인 '첫 물고기 축제'를 부활시키자는 제안이 나왔다. 마가단 시의 교사자격향상 연구소에서 있었던 에벤어 교사를 위한 코스에서 이것에 대한 이야기가 시작되었다. 이 제안을 시베리아 소수민족 협의회, 마가단 주정부 문화국, 마가단 시, 마가단 주 민족 창작 센터 그리고 올스키 지역 행성사무소 등이 지지를 표명하면서 공동의 노력의 결과로 복원된 '첫 물고기 축제'가 탄생하였다. 축제의 이름은 '바킬디댝(Bakyldydjak)'으로 정했다. 에벤어로 '만남'이라는 뜻이다.

이 축제를 조직하는 사람들은 수세기 동안 내려온 민족의 전통을 지키려고 최대한 노력하였고, 에벤인의 고대 축제인 첫 물고기 축제에서 행하던 의식들을 '바킬디댝'의 기본으로 삼았다.

'바킬디댝'을 진행하는 프로그램은 주최 측의 능력이나 창조적 상상력, 그들이 민족의 옛 관습을 얼마나 알고 있는지에 따라 다양하게 바뀔 수 있다. '첫 물고기 축제'의 설명과 묘사를 위해 마가단에서 개최된 '바킬디댝' 축제의 진행을 따라 가보도록 하겠다. 축제의 진행에 대한 묘사는 사벨리에바(L.A. Savel'eva)가 편집한 "에벤족의 제의 축제들"이라는 책의 내용을 따랐다. 이 책에는 마가단에서 개최된 '바킬디닥' 축제의 모습이 매우 상세히 서술되어 있다. 이 축제는 당연히 현대적 변형을 거친 것이긴 하지만, 에벤족 풍어제가 가지는 원초적 의미는 충분히 우리에게 전달 해 줄 수 있을 걸로 보인다.

축제의 첫 번째 순서는 축제 주관자의 개회선언이다. 축제의 주관자는 미리 선출되는데, 보통 존경받고 나이 지긋한 여성들 중 한명을 선출한다. 이렇게 선출된 축제의 '여주인'이 모인 사람들에게 환영의 인사말을 한다.

"존경하는 마을 분들, 동포 여러분, 손님 여러분! 오늘 우리는 고대 민속 축제인 첫 물고기 축제를 엽니다. 민족들 간의 우정과 단합의 표시로 모두 손을 잡고 원을 만들어 에벤족의 오래된 춤 "헤이데(Khejde)"를 춥시다. 이렇게 우리는 민족의 전통을 다시 부활시키는 길을 만들도록 합시다."

에벤족의 원무, 헤이데

에벤족의 첫 물고기 축제는 이렇게 "헤이데"를 추는 것으로 시작된다. 헤이데는 사람들이 손을 잡고 원을 그리며 추는 춤으로 노래를 항상 동반하는데 슬프고 길게 끄는 어조의 노래들이 대부분이다. 오래전에는 각 지역 부족들마다 조금씩 틀린 자신들만의 헤이데가 있었고, 또한 자신들만의 노래가사가 따로 있었다. 그 가사들은 너무 오래되어 현대 에벤어로 옮기기 힘들 정도이다.

헤이데라는 명칭은 '친구'라는 뜻으로 번역될 수 있는데, 오랜 토박이들의 말에 따르면 원무를 시작하는 첫 젊은이들이 같이 춤추자고 자신의 친구들을 불러들였는데 이때 '케데', '케데'라고 소리를 질렀다는 것이다. '친구야, 친구야' 하고 말이다. 이 '케데'가 점차 '헤이데'로 변하게 되었다는 것이다.

사진 5. 헤이데를 추는 사람들

지역의 아가씨들과 젊은 여인들은 헤이데를 출 때 자신들의 가장 아름다운 옷들을 차려입고 나온다. 그 옷들은 구슬이 풍성하게 달리고 금속장식품들과 순록 목털로 치장된다. 헤이데는 구성상 세부분에서 다섯 부분으로 이루어져 있는데, 처음에는 천천히 시작되었다가 점차 속도가 빨라져서 마지막에는 그 템포를 못 따라 가는 사람들도 있을 정도이다. 헤이데는 춤의 어조, 즉 분위기가 바뀌는 순간들이 몇 번 있는데 에벤족의 존재론적 철학을 모르는 사람들은 그것을 이해하지 못한다. 이 춤의 리듬은 에벤족의 자연과 닮아있다. 길고도 혹독한 겨울, 순식간에 지나가는 짧은 봄, 다양한 색의 풀과 꽃들로 눈부신 여름, 하지만 이 여름도 너무 빨리 지나가 버리고 점차 자연이 빛을 잃어가는 가을이 온다. 하지만 작별의 순간에 갑자기 주의의 모든 것이 선명한 태양의 빛으로 밝게 빛나고 가을 잎들이 적자

색으로 환히 타오르기 시작한다. '인디언 섬머'가 주는 선물이다. 이러한 자연의 순환과 리듬이 헤이데 원무의 리듬 속에 녹아 들어있는 것이다.

춤은 궁극적으로 노래와 마찬가지로 인간 생명 활동 가운데서 열락의 경지가 몸짓으로 터져 나온 원초적 표현이다. 이러한 춤은 여럿이 모여서 추는 군무로 이동되면서 사회적인 틀이 잡히고 성격도 형성되었을 것으로 보는데, 그것은 제천의식과 같은 종교적 제의에서 기원했다고 봐야 할 것 같다. 원시무의 군무가 정제된 모습으로 처음 나타난 형태는 원무가 기본 형식이다. 원시무의 초기 중요 형태인 원무는 손을 잡고 둥글게 빙빙 돌아가는 춤이 기본이다. 둥글게 빙빙 돌아간다는 것은 쉬지 않는 태양의 에너지를 표현하는 것으로 생명력을 상징한다.

원무 헤이데는 태양을 맞이하는 의식과 직접적인 관계를 가진다. 고대의 원무인 헤이데는 태양의 방향으로 움직인다. 에벤족 전통춤인 헤이데는 "태양의 만남"이라고도 불린다. 이 전통춤은 길고 혹독했던 겨울 후에 태양과의 만남에 바쳐진 것이다. 그리고 춤이 그리는 원과 도는 방향의 상징성은 사람들이 태양과 함께 푸른 하늘로 상승하는 것을 의미한다. 그렇게 사람들은 자연의 거대한 힘과 일치되는 것을 나타내었고, 이것은 사람들이 주위 세계와의 관계에서 최초의 조화를 이해하는 방식이었다. 에벤족의 절기 축제에서 헤이데는 빠질 수 없는 요소이다.

헤이데를 출 때 부르는 노래 속에서 에벤인들은 자신들이 사는 땅의 아름다움을 칭송한다. 그 노래 속에서 태양은 생명의 상징이고 땅은 인간의 집이다. 그리고 그 땅은 그들의 후손을 위해 보호하고 사랑해야만 하는 대상이다.

의식의 모닥불

헤이데를 한바탕 추고 나면 축제의 여주인이 손님들을 모닥불로 모이게 한다. 시베리아 민족들의 축제에서 의식용 모닥불은 매우 중요하다. 어떤 축제에서도 의식용 모닥불 피우기는 반드시 거행되며 시베리아 민족들의 축제에서 필수적인 요소라고 할 수 있다. 모닥불, 그리고 그 모닥불이 만들어내는 불은 시베리아 민족들에게는 고대의 믿음에 따르면 집의 수호자이고 땅에 살고 있는 '나쁜 영혼'으로부터 지켜주는 역할을 한다.

사진 6. 의식용 모닥불

모닥불을 피우는 장소는 물가에서 가까운 곳을 고르며, 모닥불을 피우는 장작도 일정한 규칙에 따라 쌓게 된다. 불을 피우는 의식은 고래의 관습에 따르면 부족장이 하게 되나, 요즈음은 노년층의 중에서 존경받는 한 명을 선출해서 맡기기도 한다. 그는 에벤어로 다음의 주문을 외우며 불 피우는 의식을 거행한다.

불은 에벤인들의 영혼이며 비밀.
장작과 부싯돌을 들어
이렇게 나는 불을 얻네...

그때 갑자기 '나쁜 영혼들'이 튀어나온다. 검은 옷을 입고는 머리에는 뿔이 우뚝하고, 긴 꼬리가 달려있다. 나쁜 영혼들은 무언가 고함을 지르고 펄쩍 펄쩍 뛰어다니고 얼굴을 찡그리며 족장이 불을 피우는 것을 방해한다. 나쁜 영혼들은 불을 무서워한다. 그래서 불을 피우지 못하게 방해하는 것이다. 그러자 족장이 샤먼에게 도움을 청한다.

아, 나쁜 영혼들을 우리 혼자서는
감당하지 못하겠구나,
샤먼이여, 와서 도와주시오
악마들을 쫓아주시오!

어디선가 북소리가 들리고 무복을 차려입은 샤만이 등장한다. 색칠한 얼굴에 손에 북과 북채를 들고 있다. 그는 모닥불 주위에서 춤을 춘다. 이 의식에서 샤만은 선한 초자연적 힘을 체현한다. 이 의식을 하면서 샤만은 모닥불에서 뿐만이 아니라 사람들에게서도 나쁜 영혼을 쫓아낸다. 사람들에게서 모든 병과 정신적, 육체적 더러운 것들로부터 벗어나게 해주고 첫 번째 물고기를 성공적으로 잡기를 축복해준다.

샤만은 자신의 의식 춤을 마치고, 나쁜 영혼은 사라진다. 그러자 기분 좋게 탁탁거리는 소리를 내며 모닥불이 환하게 피어오른다.

불을 대접하는 의식

모닥불이 피어오르면 축제의 여주인은 젊은 어부들, 족장, 샤만과 함께 '불을 대접하는 의식'을 거행한다. 타오르는 모닥불에 생선 조각이나 다른 음식들을 던져 넣으면서 고기잡이를 잘되게 해달라고 빈다. 축제의 여주인은 에벤어로 다음과 같이 주문을 말한다.

모닥불아, 불타올라라. 우리를 덥혀주어라
네가 꺼지지 않게, 네가 모두에게 선량하게
모두가 기쁠 수 있도록 내가 너를 먹여주마
모닥불아, 너는 우리의 친구, 너는 우리의 진실한 형제
주위에 너의 송진 냄새나는 영혼을 흩뿌려다오
나는 네가 꺼지지 않게 먹여주마

사진 7. 불을 대접하는 의식

불을 대접하는 의식은 에벤족 축제에서 빠지지 않는 부분이고 전통이다. 에벤족들에게 이 행위는 축제 때에만 하는 것이 아니라 평상시에도 행해지는 의식이다. 그들에게 불 숭배는 자연의 주인인 영혼들을 숭배하는 것과 밀접히 연관되어 있다. 에벤족의 관념에 따르면 불에게 먹을 것을 주어 대접하면 불의 영혼만 먹이는 것이 아니라 자연의 주인인 여러 영혼들도 대접하는 것이 된다.

그물을 대접하는 의식

불을 배불리 먹여 행복을 기원하는 의식이 끝나면 물고기를 잡을 '그물을 대접하는 의식'을 치른다. 모닥불을 대접한 다음 축제의 진행자가 이야기 한다.

> 자, 이제 모닥불은 배불리 먹었고 우리와 함께 기뻐하고 있다.
> 이제 고대로부터 내려온 관습에 따라 첫 번째 물고기가 그물 속에
> 들어올 수 있도록
> 또 올해 물고기가 많이 잡히게 그물을 대접하자.

축제의 여주인과 진행자들 그리고 참가자들은 의식용 모닥불에서 멀지 않은 곳, 물가에 매어둔 그물로 향한다. 그리고 그물을 물고기 조각을 던져 주어 대접을 한 다음 물에 던진다.

에벤족의 오래된 믿음에 따르면 바다나 강은 이런 대접에 고마워하고 그물로 많은 물고기를 보내준다는 것이다.

캄차트카 지역 첫 물고기 축제의 모습들

툰드라 지역에 거주하는 에벤족이나 어업을 주업으로 삼는 에벤족들은 매년 봄 고래로부터 내려오는 축제 "첫 물고기 축제"를 연다. 이 축제는 현재 알라이홉스키 지역이나 우스치얀스키 지역의 에벤인들에게서 보존되고 있다.

이러한 고대의 축제는 캄차트카 지역의 시베리아 민족들에게 중요한 축제이다. 왜냐하면 해안에 거주하는 정주 주민들에게는 어업이 그들의 주업이기 때문이다. 그래서 캄차트카 북부지역 주민들은 오래전부터 첫 물고기를 존경으로 맞았다. 여름이 물고기가 풍성하려면 첫 번째 물고기를 반드시 훌륭하게 맞아주어야 물고기 떼가 이곳에 선량하고 좋은 사람들이 산다는 것을 알고서 첫 물고기 뒤를 따라온다고 생각했기 때눈이다.

첫 물고기 축제는 관습에 따르면 부족이나 가족의 장이 축제를 주관한다. 이 축제의 상징적 의미는 이러한 의식을 통하여 물고기를 자신들의 강에 유인하여 여름과 가을 동안 물고기 잡이가 풍성하게 되기를 바라는 것이다.

첫 번째 물고기를 만나는 의식은 옛적부터 캄차트카의 고대 주민들이 옛적부터 행해왔다. 캄차트카에 거주하고 있는 코랴크족도 마찬가지이다. 이 의식을 행함으로서 여름과 가을 물고기잡이 철에 풍요로운 수확이 보장된다고 믿었다. 해안가에 거주하는 코랴크인들과 유목을 하는 코랴크인들 사이에 의식이 조금 다른 점이 있긴 하지만 주문과 일정한 행위로 강의 물고기를 오게 한다는 마법적 의미는 같다.

캄차트카 지역에서의 첫 물고기 축제에서 그물을 대접하는 의식이 끝나면 다음과 같은 의식이 뒤따른다. 미리 준비한 풀로 만든 줄을 가져와서 강물에 한쪽 끝을 던져두고는 다른 쪽 끝은 존경받는 여성 한분이 잡는다. 그리고 엄청나게 힘들게 그 줄을 당기는 시늉을 한다. 그러고 그 여성이 도와달라고 소리친다. "이리로 와서, 나를 도와주세요. 얼마나 물고기가 많은지 나 혼자서는 감당을 할 수가 없어요!" 그러자 다른 사람들이 둘을 잡아당기는 걸 도와주러 그녀에게 간다. 이 때 임신한 여성들도 줄을 당겨주러 가는데, 캄차트카에 거주하는 민족들의 생각에는 이렇게 하면 임신부들이 순산하고 또 동시에 산란기에 물고기 떼가 많이 온다고 믿는다.

잡은 물고기는 살을 바르는데 머리, 뼈, 지느러미와 꼬리가 떨어지지 않게 통째로 있게 한다. 최연장자 여성이 이것을 풀로 만든 줄에 묶어서 강물이 흐르는 반대 방향으로, 상류 쪽으로 끌고 간다. 그 다음 물고기 뼈대를 집에 가지고 가서 집의 아궁이 위 가름대에 메어둔다. 이것이 의식의 일반적인 모습이다.

사진 8. 풀 줄을 들고가는 축제의 주관자와 참가자들

하지만 하나 이야기해야 될 것은 이 축제는 지역마다 조금씩 차이가 있다는 것이다. 캄차트카 동쪽 해안과 서쪽 해안 주민들의 의식은 약간 상이한 점들이 발견된다. 예를 들어 티길스키 지방에서는 이 의식은 다음과 같이 진행된다. 강에 그물을 치고 첫 물고기를 잡으면 그 물고기를 손질을 하고 머리를 자른다. 그리고 풀들과 나뭇잎으로 아가미가 달린 머리, 내장, 알젓을 함께 묶는다. 이때 알이 하나라도 짓이겨지거나 땅에 떨어지지 않도록 세심하게 주의를 기울여야 한다. 이렇게 둥글게 엮어 만든 관을 강에 들어가 물결 반대 방향으로 끌면서 간다. 그때 이렇게 소리친다. "아이고, 물고기가 엄청나게 왔구나, 정말 물고기가 많구나!" 그리고 풀로 만든 줄을 또 하나 만드는데, 여기엔 물고기 머리 말고도 곰털 다발을 같이 넣어 엮는다. 이 줄을 몇 명이서 잡고 물결 반대 방향으로 끌고 가면서 다음과 같이 외친다. "너무 많은 물고기가 잡혀서 그물이 뒤집어 지겠다!" 이렇게 한 다음 물고기로 가득한 그물을 상징하는 줄을 강가에서 무거운 돌로 눌러 고정시키고는 물에 놓아둔다. 이날은 강가에서 반드시 생선 수프를 끓여서 배부르게 먹는다.

이 의식이 올류토르스키 지역에서는 조금 다르게 진행된다. 이 지역에서는 첫 번째로 잡은 물고기를 살을 뼈에서 바르고 나서 조금 데친 다음 진퍼리버들과 난쟁이 자작나무 잎을 넣고 함께 찧는다. 그런 다음 이 곤죽을 물고기 입에 바른다. 이때 갈매기 우는 소리를 흉내 내어 끼룩 끼룩 소리친다. 이 의식을 마치고 나면 물고기 뼈는 강가에 놓아두고 살은 먹어치운다. 이 이후로부터 물고기를 식용으로 먹는 것이 허용된다.

한티인들의 첫 물고기 축제

거의 모든 시베리아 소수민족들에게 첫 물고기 축제는 고대의 축제들 중 가장 중요한 축제이다. 이날 강의 호의를 사서 한 해 물고기 잡이가 풍요롭게 되기를 비는 것이다. 예전에는 이 의식을 '강을 유인하는 의식'이라고도 불렀다. 오랫동안 물고기가 강에 나타나지 않으면 주민들은 첫 번째 물고기를 잡아 의식을 치르면서 강에게 그들에게 호의를 베풀 것을 빌었다. 춤과 노래는 의식이 진행될 때나 진행된 후에 강의 호의를 사기위한 필수적인 요소였다. 고대의 이 지역 원주민들은 첫 물고기가 그를 얼마나 잘 맞이해주었는지 자신의 동족들에게 이야기한다고 믿었다. 그러면 그들의 강에 연어가 오기 시작하는 것이다.

이텔멘족에게 고대로부터 있어왔던 중요한 축제는 강의 얼음이 풀릴 때 반드시 치러야 되는 '강 해빙 축제'였다. 이때 고기를 유혹하고 강의 호의를 얻기 위한 마법적 제의들이 열린다. 이텔멘족 식의 첫 물고기 축제라고 말 할 수 있다.

한티인들의 경우를 보면, 그들은 오비 강에서 물고기를 잡을 때가 되면 고대의 관습에 따라 물고기 잡이 철을 맞이한다. 전통에 따라 친척들이 다 모이게 된다. 겨울이 지나 처음으로 열린 물로 나가기 전에 모두 강가에 모여 첫 물고기를 기다리며 음식을 장만하여 차려 놓는다.

긴 겨울이 지나고 오비 강이 깨어나기를 마을 주민들은 조바심을 내며 기다린다. 얼음이 풀리고 물고기를 잡으러 나간다. 그때 강에 가서 제일 먼저 해야 하는 일은 강물로 얼굴을 씻는 것이다. 물의 자연력과 영혼을 연결시키는 것처럼 말이다. 지역문화센터의 한티인 민담 전문가인 나제즈다 코네바의 회상을 들어보자.

"나의 아버지는 2차 세계대전을 겪으신 분이었어요. 자신의 신앙을 밖으로 절대 드러내지 않으셨죠. 어린 아이였을 때 나는 보았습니다. 아버지가 강물에 얼굴을 씻으면서 오비 강의 영혼에게 물고기를 많이 잡게 해달라고 비는 것을 말입니다. 그의 얼굴은 무척 진지해보였고 생각에 잠겨있었습니다. 그때 나는 이 의식이 아버지에게 무척이나 중요한 것이라는 걸 깨달았습니다."

여자들은 물고기를 잘 잡히기를 빌면서 남자들을 배웅하고는 기대에 차서 축제의 잔칫상을 차린다. 그날 잡은 모든 물고기들을 손질을 해서 생선 스프인 '우하'를 끓인다. 각각 삶은 물고기를 사발에 나누어 담는데, 물고기에서 김이 나는 동안 손을 댈 수가 없다. 조상들의 영이 그것을 먹고 있다고 생각하기 때문이다.

나제즈다 코네바의 말을 다시 들어보기로 하자. "나는 야말의 가장 남쪽에 있는 마을인 카즘-미스 출신입니다. 방금 끓인 물고기를 집 안에 세 군데에 놓아두었지요. 집의 신들, 즉 부족의 수호령들에게 바쳤고, 아궁이 근처에 두어 불의 영혼에게 바쳤고, 문 근처에 두어 하계의 할아버지에게 바쳤지요. 물고기가 식으면 그걸 먹을 수 있었습니다. 물고기를 먹으면서 오늘 물고기를 잡은 남자들이 첫 번째 물고기 잡이에서 받은 느낌들을 나누고, 징조들을 따져봅니다. 그러면 올 여름이 어떤 여름이 될 건지, 물고기가 얼마나 많이 올 건지, 어디로 올 건지, 어디에 장애물을 쳐놓는 게 나을지 알게 됩니다."

의식을 거행하면서 강의 영혼에게 선물을 바치고 그 영혼에게 물고기를 많이 잡고 물에서 죽는 걸 막아달라고 부탁한다. 주민들은 마치 그들이 물고기를 잡는 구역이나 아니면 오비 강 전체의 '주인들'과 협정을 맺는 것이다. 존경의 표시로 부족의 족장들은 강의 주인 영혼들을 대접하는 의식을 거행한다. 의식용 음식을 준비하고 제물을 바치는데, 예전에는 흰말을 제물로 바치기도 했다. 흰말은 한티인들이 신성하게 여기는 동물이다. 요즘은 흰순록을 바친다. 제물로 바친 동물의 고기는 삶아서 참가한 모든 사람들이 먹는다. 가죽은 강의 영혼에게 물고기 잡이 철에 잘 보살펴 달라고 기원하면서 태운다. 만일 제물로 쓸 동물이 없다면 끝자락마다 동전을 매단 하얀 천으로 영혼들의 호의를 살수도 있다.

강의 주인 영혼들에게서 도움을 미리 확보한 사람들은 두려움 없이 물고기를 잡으러 갈 수 있다. 그래서 한티인들에게는 다음과 같은 속담이 있다. "강에게 선하게 대하라, 그러면 강도 너에게 선해질 것이다."

요즘 치러지는 '첫 번째 물고기의 날'에는 본 의식 후에 민속 경기를 뒤따르고, 여성들은 가죽을 누가 잘 무두질하는지, 민속 음식을 누가 잘 만드는지 시합을 한다.

한티인들의 설화에서 물고기는 한티인들의 조상이다. 그리고 물고기들은 서로 친척관계이다. 예를 들어 강명태에게 철갑상어, 쇠철갑상어는 사위가 되고, 큰흰연어는 조카, 곱새흰연어와 큰뱅어는 조카딸이 된다. 이런 연유로 한티인들에게는 금기가 생기는데, 강명태와 철갑상어, 큰흰연어, 곱새흰연어를 한 솥에 넣고 끓이면 안 된다는 것이다. 또 강꼬치고기, 강명태, 철갑상어는 신성한 물고기라 여성들이 손질을 하는 것이 금지되어 있다.

풀로 만든 줄, 정화의식, 불과 그물을 대접하는 것 등 의식에 필수적인 요소들과 곧 있을 물고기 잡이에서 풍어를 기원하는 주문들은 첫 물고기 축제에서 상징적인 의미를 가지고 있다. 이러한 의식의 목적 중 하나는 강의 주인이 되는 영을 달래고 감사드리는 데 있다. 그래서 그가 인간들에게 많은 물고기를 보내주길 바라는 것이다.

이 지역의 가혹한 생활 조건들은 사람들로 하여금 자연과 그 자연이 주는 것에 대해 감사를 드리도록 만들었다. 그래서 축제들은 자연이 베풀어 주는 것에 대한 감사와 밀접하게 연관되어 있다.

희생제의

강의 주인이 되는 영혼을 달래고 감사를 드리는 이런 의식과 행위는 지역을 지배하는 영혼에게 제물을 바치는 '희생제의'와 일정부분 연관되어 있다. 어떤 특정한 토지나 영역의 지배자라고 여기는 영적인 존재를 알타이 계통의 여러 민족은 그 토지나 지역의 "주인"이라고 부르고 있다. 동물이나 식물도, 또한 갖가지 사물이나 자현현상도 이와 같은 "주인"이 있다는 것이다. 북시베리아의 유카기르와 축치 같은 민족은 같은 신령을 가지고 있으며 거기서는 숲, 호수, 더욱이 나무나 동물에 이르기까지 특별한 "주인"을 가지고 있다고 말한다.

예전에 시베리아의 원주민들은 봄과 가을 유목지를 이동할 때 그 지역의 주인이 되는 영혼에게 제물을 바쳤다. 순록을 도살하여 피를 땅에 뿌리며 사람들과 가축들을 질병과 나쁜 영혼과 맹수로부터 보호해주길 빌었다. 에벤족들에게 이런 제물을 바치는 의식은 매우 중요한 제의의 순간이다. 그들의 관념으로는 가족과 부족의 안녕과 행복은 이런 영혼의 의지에 달려 있다고 믿었기 때문이다. 그래서 다른 절기 축제들의 의식과 마찬가지로 제물을 바치는 의식의 가장 기본적인 목적은 주인이 되는 영혼들과 평화롭게 공존하면서 사람들의 무사한 삶을 보장하려는 것에 있다.

시베리아의 많은 소수민족들에게서 제물을 바치는 의식은 봄과 가을에 보통 이루어진다. 예를 들면 에벤키족은 구월 말경에 물의 영혼에게 부족 전체가 간청을 드리는 제의를 드리고 새해의 물고기 잡이가 잘 되기를 기원한다.

야쿠트인들은 땅의 주인 영인 아안 다르한에게 매년 봄 제물을 바친다. 그들은 말 젖을 발효시켜 만든 술인 쿠미스를 만들어서 언덕이나 큰길가에 있는 크고 오래된 나무에게 가지고 간다. 이 나무에 말 갈기로 만든 끈을 둘러매는데, 그 끈은 여러 가지 물건으로 장식되어 있다. 이 나무 아래에 음식을 차려놓고 부족의 제일 연장자가 나무를 보고 서는데, 나무가 자기에게서 동쪽에 오도록 한다. 그리고 땅의 주인 영을 부르고 나무에 쿠미스를 뿌리면서 주인 영에게 축복을 기원한다.

에벤인들은 장소마다의 수많은 주인 영들에게 제물을 바치는데 특히 순록을 방목하거나 사냥을 하고 물고기를 잡는 지역의 주인 영혼들을 특히 숭배하였다. 이런 경우에는 제물로 순록을 잡기도 하였다. 순록은 해가 뜨기 전에 도살을 하고 머리를 동쪽으로 하여 긴 작대기에 걸어둔다. 해가 지고 나면 고기를 삶아서 먹었다. 머리와 가죽, 뼈는 순록을 잡은 자리에 정해진 순서대로 쌓아두었다. 특별한 경우에는 도살한 순록을 먹지 않는 않고 걸어두기만 하기도 한다. 요즘은 지역의 주인 영혼에게 순록을 바치는 경우는 매우 드물고, 보통 검은담비나 다른 비싼 털짐승의 가죽을 바친다.

에벤인들은 강의 주인이 되는 영혼에게도 정기적으로 제물을 바쳤다. 강에 얼음이 녹아 풀리는 시기에 여름이 풍성하게 되기를 또 강이 너그럽기를 빌면서 강물에 차를 던졌다. 야쿠티야에서는 암사슴의 젖을 강물에 뿌리면서 다음과 같이 주문을 외운다.

> 고귀한 영혼이시여, 덕망 높으신 강의 주인 영혼이시여!
> 자유롭게 돌아다니는 당신의 재산 중에 조그만 새끼 물고기 한 마리라도
> 우리 통발에 넣어주신다면 저희는 정말 기쁘겠습니다.

에벤인들은 또 땅의 주인 영혼에게 생활에서 쓸모없어진 물건을 제물로 바치기도 했다. 1930년대 초반까지 그들은 사냥에 활을 이용했었다. 그러다가 총포가 널리 보급되자 그 활을 땅에 놓아두었다. 다르게 이야기하면 땅에 내버려 둔다. 그렇게 땅의 주인이 되는 영혼에게 활을 바치는 것이다. 에벤인들 사이에는 땅에 떨어진 음식을 다시 주워 올리지 말라는 금기가 있다. 왜냐하면 그 음식은 이미 땅의 영혼이 먹었기 때문이다. 에벤족 초기 연구자 린데나우의 자료를 보면 예전에는 에벤족들도 개를 제물로 바치고 제의에 쓰인 개고기를 먹기도 했었다. 이것은 제물로 개를 쓰는 풍습이 널리 퍼져있는 코라크족의 영향을 받은 걸로 보인다.

현재에도 에벤인들 사이에 이런 전통은 유지되고 있다. 예를 들어 사하공화국 몸스키 지역의 에벤인들은 강의 얼음이 풀리는 봄이면 강에 순록 젖을 대접한다. 흰 양의 뿔로 만든 숟가락으로 강물에 순록 젖을 따른다. 그러면서 강이 깨끗하고 물고기가 많기를 기원한다. 툰드라 지역에 거주하는 에벤인들은 봄이나 초여름에 인디기르카 강을 대접하는 의식을 치른다. 그 의식이 치르질 때 강변에는 음식이 차려진다. 이 시기에 '어머니 툰드라'를 대접하는 의식도 또한 거행된다. 이 의식은 반드시 치러야만 되는 제의로 만약 순록이 제물로 바쳐지면 순록의 피와 심장, 신장을 제물로 바친다.

전시와 공연

축제의 장소, 모닥불이 피워진 장소에서 멀지 않은 곳에 에벤족의 천막인 유르타가 세워진다. 거기엔 에벤족의 전통적인 생활용품이나 민예품들이 전시품으로 나와 있고 화덕에서 불이 모락모락 타고 있다. 그 위로는 찻주전자나 솥이 걸어져 있다. 손님들은 호기심에 차서 유르타 안을 둘러보고 여주인은 시베리아 민족의 전통적인 손님 접대 방식으로 바다짐승의 고기나 생선, 빵과 차를 대접한다.

이 축제의 목적 중 하나는 '만남'이다. 이러한 만남의 축제에서는 서로 간에 묵었던 이야기를 나눌 수도 있고, 부족의 전설이나 이야기들이 들려지고, 전통 노래들이 불리워진다. 겨우내 만들었던 물건들은 교환하기도 하고 팔기도 한다. 축제의 장소는 교류의 장소이며 또 동시에 장터가 된다.

사진 9. 유르타 속의 여주인

첫 물고기 축제의 준비는 겨울부터 시작된다. 에벤족 처녀들과 여인들은 아궁이에서 흘러나오는 희미한 불빛아래서 축제에 쓸 의복을 만들거나 구슬과 순록 털로 장식하고, 앞치마, 겨울 모자, 사슴가죽 장화를 만든다.

이런 축제에는 노래와 춤이 항상 동반된다. 노래와 전통 춤 공연이 있고나서, 에벤족의 고대 제의들 중 하나, 예를 들면 곰 축제 '우르카착'의 한 장면이 무대 위에서 공연된다. 위에서 언급한 대로 에벤족에게 곰 제의는 매우 중요한 의미를 가진다. 그 곰 축제의 한 장면을 복원된 첫 물고기 축제인 '바킬디댜'에서 공연하는 것은 에벤인들 고대의 문화유산을 다시 한 번 축제에 모인 사람들과 기억하고 보존하려는 노력으로 보인다.

에벤인들은 곰을 일정한 시기에만 사냥하였다. 늦가을, 첫 눈이 내릴 때와 겨울이 끝나갈 때 그들은 곰 사냥을 했다. 늦가을엔 곰이 지방을 축척하여 고기가 자양분이 많아 맛있고, 겨울이 끝날 때 곰 굴을 찾아내는 것은 대단한 행운으로 여겼다. 봄이 다가오는 그때 비축한 식량이 끝나가기 때문이다. 겨울동안 비쩍 마른 곰의 고기라도 그때는 더할 나위가 없는 것이다.

곰은 시베리아 소수민족들이 숭배 하는 동물이다. 사냥꾼들은 곰을 죽일 때 그를 용서해달라고 주문을 외우고 동시에 그들을 배고픔에서 구해준 것에 대해 감사를 드린나. 그리고 이아들과 여성들은 곰을 존경의 뜻을 담아 "할아버지"라고 부른다.

사진 10, 11. 바킬디댜에서의 전통춤 공연

전통 놀이와 경기

공연이 끝나고 전통 놀이와 경기가 시작된다. 남성들과 젊은이들은 겨울동안 훈련을 하면서 전통 놀이 시합을 준비한다. 어렸을 적부터 그들은 올가미 던지기. 썰매 뛰어넘기, 달리기, 높이뛰기, 무거운 것 들기, 활쏘기 등을 여흥삼아 즐겨하는데, 이런 놀이와 시합은 미래의 사냥꾼이나 순록치기, 어부가 될 에벤 젊은이들을 무엇에든 잘 견디고 민첩하게 단련시키는 역할을 한다. 즉 전통 놀이는 아이들을 타이가와 툰드라의 주인으로 만드는 데 필요한 자질을 갖추게 하는 하나의 교육인 것이다. 또한 그 놀이들은 에벤족의 생산 활동, 민족의 문화, 그들의 주위 환경에 대한 태도를 나타내주기도 한다.

이러한 놀이가 발생한 원인은 에벤족의 전통적인 생활양식에서 찾아 볼 수 있다. 에벤족은 항상 다양한 위험들과 싸우면서 살았고, 유목 생활의 조건에서 생존을 위한 투쟁을 해왔다. 에벤족의 아이들은 어른들의 생활에 매우 일찍 유입된다. 어렸을 적부터 사냥을 하는 법, 물고기를 잡는 법, 순록을 유목하는 방법을 배운다. 이런 생산 활동과 노동에 참가하는 과정에서, 속도와 솜씨, 민첩성 등의 자질을 만들어 나가는 과정에서 전통 놀이들은 매우 중요한 역할을 담당한다. 그리고 세대에서 세대로 전해지는 놀이들은 문화적 유산이 된다. 놀이들은 과거에 대한 상징적 정보를 보존하고, 자라나는 세대에게 전통과 민족의 멘탈리티를 전달하고 아이들에게 주위 세계, 즉 그들이 생활하는 자연을 알아야 하는 욕구를 충족시켜준다.

사진 12. 올가미 던지기 놀이

사진 13. 썰매(나르타) 뛰어넘기

흥겨운 놀이가 지나면 공연에 참가했던 예술가들이 의식용 모닥불 주위로 둥글게 손을 잡고 모인다. 다른 참가자들을 불러 모으고는 다시 한 번 원무 '헤이데'를 추기 시작한다. 이렇게 복원된 첫 물고기 축제 '바킬디댜'은 원무 헤이데를 추는 것으로 시작하고 끝을 맺는다.

참고문헌

1. 문헌자료

우노 하르바. 샤머니즘의 세계. 알타이 민족들의 종교적 표상. 박재양 역. 서울: 보고사, 2014.

김양동. 한국 고대문화 원형의 상징과 해석. 파주: 지식산업사, 2015.

Алексеев А. А. Эвены Верхоянья: история и культура (конец XIX80-е гг. XX в.). СПб.: ВВМ, 2006.

Алексеев Н.А. Традиционные религиозные верования якутов в XIX - начале XX в. Новосибирск: Наука, 1975.

Бокова Е.Н. Быт эвенов. Якутск, 2011.

История и культура эвенов: историко-этнографические очерки. СПб.: Наука, 1997.

Петрова Т.И. Времяисчисление у тунгусо-маньчжурских народностей. М.-Л.: Изд-во Академии наук СССР, 1937.

Праздники и обряды коренных народов Камчатки. Петропавловск-Камчатский, 2009.

Традиционные мировоззрение тюрков Южной Сибири. Пространство и время. Вещный мир. Новосибирск: Наука, 1988.

Эвенские обрядовые праздники: Хэбденек, Бакылдыдяк, Холиа, Чайрудяк. Магадан: Новая полиграфия, 2008.

2. 인터넷자료

Праздник первой рыбы.

https://xn--80adbgdbacpj1brnitmnpd2r.xn--p1ai/news/855.html

Эвены. Википедия.

https://ru.wikipedia.org/wiki/%D0%AD%D0%B2%D0%B5%D0%BD%D1%8B

사진출처

1	http://terms.naver.com/entry.nhn?docId=3353166&cid=56762&categoryId=56762
2	http://gallery.ykt.ru/photo/view/188145
3	ttp://www.etoretro.ru/city17.htm
4	http://900igr.net/kartinka/okruzhajuschij-mir/viktorina-moja-rodina-jugra-229519/8.-kak-nazyvajutsja-dlinnye-uzkie-sani-primenjaemye-na-severe-dlja-ezdy-17.html
5	http://photo.kolyma.ru/index.php?do=gallery&act=2&cid=15&fid=809
6	http://www.kolyma.ru/index.php?newsid=60983
7	http://gauk-otok.ru/foto-2016/432-bakyldydyak-2016.html
8	http://gauk-otok.ru/foto-2016/432-bakyldydyak-2016.html
9	http://magadanpravda.ru/photoalbum/4015/
10	https://russia.toptriptip.com/208/objects/6105
11	http://gauk-otok.ru/foto-2016/432-bakyldydyak-2016.html
12	https://falyosa.livejournal.com/1779281.html
13	http://dvorsport.ru/%d0%b2-%d0%bd%d0%b5%d0%bd%d0%b5%d1%86%d0%ba%d0%be%d0%bc-%d0%be%d0%ba%d1%80%d1%83%d0%b3%d0%b5-%d0%b2%d0%bf%d0%b5%d1%80%d0%b2%d1%8b%d0%b5-%d0%be%d1%82%d0%bc%d0%b5%d1%82%d0%b8%d0%bb%d0%b8-%d0%b2%d1%81/

에벤키족의 사계절과 이케닙케 새해맞이 순록축제

엄순천(성공회대학교 외래교수)

"순록이 있는 한 에벤키족은 존재한다.
순록이 없으면 에벤키족도 없다"(에벤키족 속담)

사진 1. 에벤키족의 생활 전경.
참고: http://www.mymood.ru/posts/946-evenki-rossii.html

에벤키족은 시베리아 소수 종족으로 언어계통상 알타이어족 퉁구스어파 북부분파에 속하며 2010년 기준 러시아에 37,000명, 중국에 39,500명, 몽골에 1,000명으로 모두 77,500명이 생존해 있는데[1] 중국의 에벤키족은 어원커족이라고 불린다. 에벤키족은 분포 범위가 매우 넓어 북극해 언저리의 투루한 강에서부터 서쪽의 예니세이 강 너머까지, 동쪽의 오호츠크 해와 사할린까지 발길이 닿지 않은 곳이 거의 없다.

에벤키족의 전통 생업은 사냥과 순록 사육이고 이에 맞추어 유목 이동 생활을 한다. 에벤키족 순록 사육의 기원은 여전히 논쟁의 중심에 있지만 순록은 에벤키족 세계관의 중심이며 삶의 동반자로 에벤키족 물질문화와 정신문화 전반을 지배하고 있다. '순록이 살아있는 동안은 에벤키족도 살아있다'라는 속담은 에벤키족과 순록의 관계를 잘 말해준다.

에벤키족은 태어나면서부터 순록과 운명을 같이한다. 아이가 태어나면 암 순록을 선물하는데 이 순록이 낳은 새끼들은 모두 그 아이의 소유가 된다. 따라서 성인이 될 무렵이면 독립적인 생활이 가능한 소규모 순록 떼를 소유하게 되고 부모님이나 먼 윗세대 조상들처럼 순록을 사육하면서 유목이동 생활을 하게 된다. 에벤키족의 유목 이동 생활은 자연발생적이고 불규칙적인 것처럼 보이지만 순록 사육, 사냥, 주변의 자연조건 등을 총체적으로 고려하여 이루어진다.

에벤키족의 사계절[2]

에벤키족은 1년을 12달로 나누지만 시베리아의 광범위한 지역에 흩어져 거주하는 만큼 지역 그룹에 따라 세세한 절기에서는 다소 차이가 있다. 하지만 에벤키족의 모든 지역 그룹에 공통된 12달의 특징을 개괄하여 에벤키족 1년 삶의 리듬을 살펴보는 것은 가능해 보인다. 각 달의 명칭에는 에벤키족의 삶의 모습이 고스런히 반영되어 있다.

1월, '휴식의 달' '쿰니카 베가'

에벤키족은 1월만큼은 순록 사육도, 사냥도 삼시 범추고 휴식을 취한다. 타이가의 1월은 아주 혹독하다. 주위는 흰 눈으로 뒤덮여 있으며 적막과 고요만이 흐른다. 나무도 숲도 초원도 순록의 목초지도 깊은 눈 속에 잠겨있고 강과 호수는 깊은 겨울잠에 빠져있다. 새벽은 늦게, 밤은 빨리 찾아온다. 에벤키족의 표현대로 1월의 낮은 12월의 낮보다 참새 발자국만큼 더 길다.

혹독하고 잔인한 추위에도 불구하고 타이가의 삶은 한 순간도 멈추지 않고 자연의 순리에 맞게 앞으로 나아간다. 딱따구리는 아침부터 밤까지 딱딱딱 요란한 소리를 내며 곤충의 유충을 찾으러 분주하게 나무 사이를 옮겨 다닌다. 꿩과 비슷한 케드롭카는 먹이를 찾으러 쉴 새 없이 돌아다니고 멧닭은 마가목과 노간주나무 열매를 쪼아대면서 눈 덮인 땅 여기저기를 돌아다닌다. 들꿩은 오리나무 꽃을 먹느라 분주하고 들쥐는 깊은 눈에도 아랑곳 않고 타이가의 구석구석을 제집처럼 누비고 다닌다. 굴속에서 새끼를 낳은 엄마 곰은 봄이 될 때까지 모유를 먹이면서 새끼를 기를 것이다.

비록 끝을 가늠하기 힘든 두꺼운 얼음 밑에 있지만 호수와 강의 삶도 분주하다. 산란을 시작하면서 식욕이 증가한 모캐는 연어나 곤들메기를 단숨에 삼켜버린다. 때때로 심한 추위로 낙엽송의 기둥이나 나뭇가지가 갈라지면서 숲 속에 총소리를 닮은 강렬한 소리가 울려 퍼지기도 한다. 요란한 소리에 화들짝 놀란 순록들은 인가로 한달음에 달려온다.

1월 에벤키족은 낮에는 땔감용 장작을 준비하고 저녁이 되면 12월에 준비해 둔 순록가죽으로 남자들은 순록용 마구를 비롯한 여러 가지 마구와 사냥용품 등을, 여자들은 생활필수품, 신발, 옷가지 등을 만든다. 노인은 어린 손자 손녀에게 신화, 민담, 전설을 들려준다.

2월, '발걸음을 내딛는 달' '기라운 베가'

2월이 되면 에벤키족은 잠시 뒤로 미뤄두었던 순록 사육과 사냥을 시작한다. 추위는 여전하지만 1월보다는 한결 수그러졌고 낮도 조금 길어졌다. 2월에는 거센 바람의 공격이 시작된다. 나무의 눈이 바람에 흩날리는 소리에 숲은 소란스럽기 그지없고 동물은 사람이 가까이 가도 잘 듣지 못한다. 종종 깊은 눈 속에서 흰 자고새와 들꿩의 둥지로 보이는 구멍들을 발견할 수도 있다.

2월 순록 사육을 하는 에벤키족은 '소그조이'라는 야생 순록 사냥을 위해 북쪽의 깊은 산지로 떠난다. 흑담비나 다람쥐같은 모피 동물 사냥은 다음으로 밀어놓는다. 소그조이의 발굽은 넓고 숟가락 모양이다. 그래서 그 어떤 동물보다 눈을 헤치고 다니는 능력이 뛰어나다. 이 시기 소그조이는 산이나 언덕의 비탈진 곳에 머물면서 순록이끼를 먹는다.

2월 에벤키족은 잡다한 여러 잡일에 많은 시간을 할애해야 한다. 낮에는 장작을 준비하고 순록을 위해 소금기가 있는 먹이를 준비해야 한다. 겨울 내내 순록들은 몸무게의 1/4에 달하는 지방과 근육을 손실하게 되고 이 과정에서 지방과 근육의 소금이 상당량 소비되기 때문에 소금을 보충해 주어야 한다.

사진 2. '실라리'라는 소금주머니에서 소금을 꺼내 순록에게 먹이는 에벤키족

무리에서 이탈한 순록들을을 무리 안으로 들여보내야 한다. 이 시기 늑대들이 소규모로 인가에 접근해 온다. 하지만 에벤키족에게는 늑대를 쫓아버릴 수 있는 비법이 있다. 썩은 고목과 나무그루터기에 불을 지피면 지독한 악취가 난다. 이 냄새를 맡은 늑대들은 더 가까이 접근할 엄두를 내지 못한다. 저녁에는 하루의 일과를 종합하고 점검한다. 노인들은 가족의 육체적, 정신적 상태를 살펴보고 남자들은 순록의 숫자를 체크하면서 순록들의 상태에 대해 논의한다.

하지만 2월 에벤키족의 대화에서 가장 중요한 테마는 3월에 있을 '욱테분' 축제 준비이다. 에벤키족은 거의 1년 내내 욱테분 축제를 준비하지만 준비에 가장 열을 올리는 시기는 2월이다. 축제를 위해 '올록'이라는 가벼운 천막, 화려한 순록 장식품, 순록 포획용 포승줄 '마우트'를 만든다. 마우트의 종류는 다양하지만 야생 순록 가죽으로 만든 것이 가장 많이 사용된다. 마우트는 서너 개의 끈으로 되어 있고 길이는 12미터에 이른다. 마우트의 쓰임새는 다양하다. 욱테분 축제 때 뿐만 아니라 평소에 순록을 잡거나 썰매에 짐을 묶을 때, 유빙기 얼음이 녹은 곳에 빠진 사람을 구출할 때, 타이가의 계곡을 건널 때도 사용된다.

3월, '얼음이 녹는 달' '오빌라하 베가'.

3월은 봄의 첫 번째 달이다. 아직 춥지만 낮에는 햇볕이 제법 따뜻한데 바람이 없는 날에는 이를 더 확연하게 느낄 수 있다. 더 이상 깊은 눈 속으로 떨어질 위험은 없지만 깊은 눈 속에 있는 들꿩이나 자고새의 둥지는 위험하다. 잠에서 깨어난 새들이 머리 위에 있는 단단한 얼음 지붕을 뚫지 못해 죽는 일도 있다.

3월 야생 순록들의 낡은 뿔이 떨어지면서 새 뿔이 돋아난다. 새 뿔

사진 3. 욱테분 축제의 한 장면

은 생태학적으로 치료 효과가 아주 뛰어난 '란타린'이라는 성분을 함유하고 있다. 3월이 되면 밤낮의 길이가 같아진다. 햇볕이 많아지면서 늑대들의 짝짓기가 시작되고 순록을 습격하는 횟수가 증가한다.

3월 에벤키족에게 가장 중요한 일은 '쿠레 작업'과 '욱테분' 축제 개최이다. '쿠레'란 순록의 숫자를 세면서 암컷과 수컷의 숫자를 맞추고 순록의 등위에 도장을 찍기 위해 순록을 통과시키는 울타리이다. 3월 에벤키족은 '쿠레 작업'으로 분주한 나날을 보낸다. '욱테분 축제'는 일명 '순록달리기 대회'인데 축제 참가자는 순록을 묶은 장비들을 정렬시키고 춤(천막집)에서 대기한다. 이날 가장 중요한 것은 대회에서의 승리가 아니라 축제 분위기이다. 마을 회관에서는 순록달리기 대회를 흉내내는 공연이 개최된 다음 운동선수가 출연하여 천막 뛰어 넘기, 포승 던지기, 눈 위에서 결투, 사냥 도끼 멀리 던지기 등의 경기를 펼친다. 욱테분 축제[3]는 기나긴 겨울 뒤에 다른 에벤키 씨족끼리 만날 수 있는 기회이다. 에벤키족은 같은 씨족 내에서는 결혼을 할 수 없기 때문에 에벤키족 젊은 남녀들은 미래의 동반자를 만날 수 있다는 희망을 안고 이날을 기다린다.

4월, '자연이 깨어나는 달' '투란 베가'

에벤키족은 봄의 두 번째 달인 4월이 되면 까마귀의 청명한 울음소리가 타이가에 울려 퍼지면서 자연이 깊은 겨울잠에서 깨어난다고 생각한다. 까마귀의 울음소리와 함께 강기슭 여기저기 눈이 녹기 시작한다. 낮에는 홍방울새가 지저귀고 짝을 찾은 들꿩은 즐겁게 휘파람을 불어대며 노을이 내려 앉으면 멧닭은 짝짓기 상대를 찾아 소나무 숲 그늘진 구석을 헤매 다닌다. 4월의 날씨는 아주 변덕스럽다. 봄이 오는 와중에 눈이 흩날리기도 한다. 하지만 4월의 눈은 잠시뿐이다. 몇 시간 뒤면 다시 태양이 밝게 빛나고 봄기운이 완연해진다.

에벤키족은 어째서 까마귀가 타이가의 겨울잠을 깨운다고 생각할까? 가장 큰 이유는 4월에 타이가의 새들 중에서 까마귀가 가장 먼저 짝짓기를 하고 알을 낳기 때문이며 또 다른 이유는 까마귀에 대한 에벤키족의 독특한 믿음 때문이다. 에벤키족은 까마귀는 과거에 사람이었으며 사람의 특징을 고스란히 간직한 채 이생에 태어난다고 믿는다. 이에 더하여 어떤 고난과 역경이 닥쳐도 절대 자신의 둥지를 떠나지 않고 서로에게 무한한 믿음을 주면서 살아가는 까마귀를 에벤키족은 깊이 신뢰한다.

까마귀는 에벤키족의 삶에 없어서는 안 될 존재이다. 까마귀는 울음소리로 곰, 늑대, 오소리 등의 침입을 미리 알려서 순록을 보호해준다. 또 사냥터에서는 울음소리로 야생동물의 위치와 맹수의 습격을 알려주며 타이가에서는 짐승의 사체를 먹어 치워 타이가의 자연을 청결하게 해준다.

4월 에벤키족은 바람을 잘 막아주고 순록이끼가 풍부한 작은 강 계곡으로 유목지를 바꾼다. 어린 순록이 빠져 죽는 것을 방지하기 위해 그리 깊지 않은 개울 근처에 정착한 뒤 순록이 달아나거나 전에 머물던 곳으로 가지 못하게 울타리를 친다. 4월 중순 이후 순록의 출산이 시작된다. 순록의 출산은 에벤키족에게는 힘든 일을 하나 더 보태는 것이지만 에벤키족은 새끼 순록의 탄생을 신의 축복이라고 여긴다. 이 시기 어미와 새끼에게서 한시도 눈을 떼서는 안 되고 적재적소에서 도움을 주어야 하며 곰, 늑대, 오소리와 같은 약탈자의 침입에도 대비해야만 한다. 특히 겨울 내내 지독하게 굶주린 상태로 굴에서 기어 나온 곰을 조심해야 한다. 힘없는 어린 순록을 짓밟거나 임신한 암 순록에게 싸움을 걸어서 새끼를 낳지 못하게 하기도 하고 순록 떼를 놀라게 하여 멀리 쫓아 보내기도 한다. 이럴 경우 에벤키족은 잃어버린 순록을 찾느라 힘들고 분주한 시간을 보내야 한다.

이 시기 에벤키족의 수면 시간은 절대적으로 줄어든다. 물론 에벤키족은 잠은 잠시 육체를 벗어난 영혼이 여행을 떠나는 것이며 자는 동안 육체를 떠난 영혼이 되돌아오지 않을 수도 있기 때문에 잠을 많이 자지는 않는다.

5월, '어린 순록의 달' '손칸 베가'

5월은 봄의 마지막 달이다. 새끼 순록의 탄생은 에벤키족에게는 신이 내리는 축복이다. 5월이 되면 꽃봉오리가 피어나고 햇볕이 따뜻한 날이 계속 되면서 에벤키족이 '날아다니는 꽃'이라고 부르는 나비들이 보이고 산기슭에서는 장밋빛 붉은 만병초 꽃이 피기 시작한다.

5월 초 곰이 본격적으로 겨울 굴에서 나온다. 에벤키족은 곰을 자신들의 조상이라고 생각하며 할아버지라는 의미로 '아미칸' 혹은 아마칸'이라고 부른다. 겨울잠에서 깨어 굴을 빠져나온 얼룩다람쥐는 짝을 찾아다닌다. 짝짓는 시기가 되면 얼룩다람쥐는 암수 모두 온순해지고 서로에게 다정한 눈빛과 몸짓을 보낸다. 보통 너 댓 마리의 새끼를 낳고 어미가 새끼를 기르지만 아비도 새끼를 사정거리 안에서 놓치지 않는다. 5월이 되면 에벤키족이 무척 사랑하는 멧닭도 짝짓기에 열을 올린다. 에벤키족의 멧닭 사랑은 지고지순하여 곁에 없으면 우울하고 슬프다고 느낀다. 5월 초, 강을 덮었던 얼음들이 걷히면서 산란을 위해 물고기들이 상류를 향해 올라온다. 강의 명칭으로 강에 어떤 물고기가 많이 서식하는지 알 수 있다. 예컨대 '물고기'를 뜻하는 에벤키어 올로(ollo)에서 기원한 올록마 강 지류에는 철갑상어라는 의미의 '하타스티르 강', 연어[4]라는 의미의 '니레찬 강', '다잘린다 강', '잘린다 강', '잘린그다 강'이 있다.

에벤키족에게 연어는 숭배의 대상이다. 에벤키족 신화에 연어는 샤먼의 영혼을 지니고 있으며 물에 사는 생물로 그려져 있다. 연어의 머리는 먹어도, 개에게 주어도 안 되며 부적용으로 건조시키는데 에벤키족은 이 부적이 악령의 침입을 막아주고 행운을 가져다준다고 믿는다.

5월의 낮은 길고 따뜻하며 밤은 짧고 환하지만 아직 추위가 다 가신 건 아니다. 하늘에서 이따금씩 새들, 특히 학의 노래 소리가 울려 퍼진다. 낮 시간이 길어지면 에벤키족은 많은 시간 집안일에 매달린다. 낡은 울타리를 수리하고 새 울타리를 만들며 순록 뿔로 승록용 안장인 나메, 화물용 안장인 에메겐, 큰 사슴 사냥용 덫인 체르칸을 만든다. 이 시기 모든 에벤키족은 쉬지 않고 일을 한다. 어린아이들에게도 일정한 역할이 주어져 있는데 주로 어린 순록을 돌보고 순록 젖 짜는 것을 도와주며 물고기를 잡고 곤충 퇴치용 모닥불을 피우는 일을 도와준다.

에벤키족 아이들에게 가장 중요한 놀이도구는 버드나무 가지로 만든 '오로콘'이라는 순록 모형이다. 아이들은 생김새가 다른 오로콘을 여러 개 가지고 있다. 오로콘 놀이는 시력 향상, 예술적 감각, 에벤키족 전통의 체득과 전달, 셈 교육에 많은 도움을 준다. 에벤키족 아이들은 오로콘을 잃어버리면 순록 떼에 있는 자신의 순록을 잃어버릴 수 있다고 믿기 때문에 무척 소중하게 보관한다.

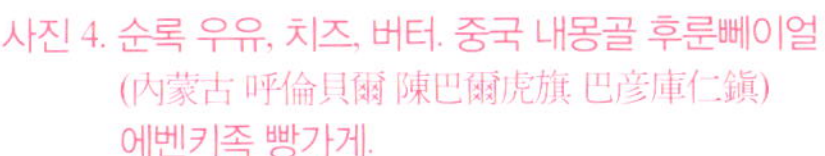

사진 4. 순록 우유, 치즈, 버터. 중국 내몽골 후룬뻬이얼(內蒙古 呼倫貝爾 陳巴爾虎旗 巴彦庫仁鎮) 에벤키족 빵가게.

5월에는 특히 여자의 일이 많다. 아침과 저녁 하루 두 번 순록 10~12마리의 젖을 짜야만 한다. 암 순록 한 마리에서 짤 수 있는 우유는 200그램 정도다. 순록 우유는 건강에 좋다. 소 우유와 비교할 때 순록 우유에는 지방이 6배, 단백질이 3배, 무기질이 4배 더 많다. 순록 우유로 버터, 치즈, 트보록(우유 비지), 스메타나(샤워 크림), 원기 회복에 도움을 주는 에벤키 전통 음료 콜체크를 만든다.

에벤키족에게 사냥은 순록사육만큼 중요한 생산 활동인데 5월에는 주로 멧닭 사냥을 나선다. 하지만 멧닭이 너무 영리해서 사냥이 그리 쉽지는 않다. 에벤키족은 멧닭 수컷과 암컷이 짝짓기 하는 것을 '멧닭 춤'이라고 부르는데 그 광경이 너무 황홀해서 종종 사냥을 잊고 빈손으로 돌아온다고 한다.

6월, '초록의 달' '무춘 베가'

6월은 여름의 첫 달로 에벤키족에게 가장 중요한 일은 '이케닙케 축제'이다. 에벤키족에게 6월 뻐꾸기의 첫 노래 소리는 성공과 안녕이 기다리는 새해가 다가온다는 의미다.

6월 타이가 곳곳에서 곤충들과 새들의 소리가 들려오며 딸기나무, 인동나무, 월귤나무, 호로딸기, 블루베리, 붉은 베리 등 열매들이 영근다. 들장미와 다우르 백합으로 인해 숲은 불처럼 밝게 빛난다. 다우르 백합에는 변치 않는 영원한 사랑에 대한 노래와 전설이 전해지고 있기 때문에 눅자 강 유역의 에벤키족은 다우르 백합을 '사랑의 꽃'이라고 부른다.

첫 뻐꾸기 울음소리와 함께 고대에서 기원한 '이케닙케'[5] 새해맞이 순록 축제가 개최된다. 이케닙케 축제가 되면 에벤키족은 지정된 장소로 모여 씨족별로 춤을 설치한다. 축제의 주요 행사는 현대 들어 많은 변형을 겪었는데 주요 내용은 에벤키 전통 춤과 노래 경연대회, 씨족의 신화와 전설 스토리텔링 대회, 스포츠 경기 등이다. 아가씨들은 모닥불을 피우고 에벤키 전통 음식을 만든다. 축제는 다른 씨족의 남녀를 만나 가정을 꾸릴 수 있는 행운을 얻을 수 있는 기회이기 때문에 미혼남녀들은 이 날을 손꼽아 기다린다.

사진 6. 러시아공화국 이르쿠츠크 주 탈찌민속박물관.

이케닙케 축제가 끝나면 에벤키족은 순록 떼를 이끌고 순록의 먹이가 풍부하고 사방에서 선선한 바람이 불어와서 곤충들로부터 순록을 보호해 줄 수 있는 '옴눔나'라는 곳으로 유목을 떠난다.

7월, '말파리의 달' '에르갈라가 베가'

7월은 녹음이 정점에 이른다. 덥고 건조하며 풀과 나무는 더위에 시들고 강과 개울은 말라버린다. 에벤키족이 수량이 많고 무척 깊은 올룍마 강을 '걸어서 건너갈 수 있는 강'이라는 의미로 '올로후마 강'이라고 부르는 것도 바로 이런 이유 때문이다. 실제로 덥고 건조한 여름이 되면 올룍마 강을 걸어서 건너갈 수 있다.

7월에는 곤충들 특히 모기, 파리, 말파리로 인해 타이가의 모든 생물은 고통과 불안에 시달린다. 순록은 이런 곤충들로 인해 시베리아의 전염병이나 회백뇌염 같은 타이가의 질병에 쉽게 노출된다. 이에 더하여 7월 순록은 살이 빠지고 먹는 양이 급격하게 줄어들며 우유의 생산량도 감소한다. 가죽을 뚫고 들어온 말파리의 침으로 인해 구멍이 숭숭 뚫리면서 가죽의 가치도 떨어진다.

이렇게 곤충들이 떼 지어 날아다니는 시기가 되면 에벤키족은 순록 떼를 산지로 몰아간 뒤 곤충을 쫓는 모닥불을 지피고 노간주나무와 철쭉을 태운 연기로 순록 정화 의식을 거행한다.

7월 타이가에는 곰들의 짝짓기가 이루어지면서 곰들의 포효와 울음소리가 울려 퍼진다. 이 소리는 노련한 사냥꾼에게도 공포를 불러온다. 이 시기 곰들의 광폭한 짝짓기 장소에서 멀리 떨어져야 한다.

7월 에벤키족은 여가 시간을 이용해 2~3미터 높이의 나무 기둥 4개로 작은 창고를 만들어 식량, 사냥 도구, 모피 등을 보관한다. 오소리, 살쾡이, 곰 등 타이가의 동물이 올라오지 못하게 창고 기둥을 매끈하고 평평하게 깎는다. 저녁이 되면 노인들은 모닥불 옆에 앉아 손자들에게 에벤키족의 신화, 전설, 민담, 교훈, 속담, 격언 등을 들려준다.

사진 5. 순록 모닥불. 내몽골 후룬뻬이얼 건허시 아오루구야 마을수어위란(索玉蘭)의 집

8월, '번개의 달' '자르니크'.

8월은 여름의 마지막 달로 밤 시간에 자주 황금빛 붉은 번개가 하늘에 비치기 때문에 '자르니크'라고 부르지만 '순록 뿔의 색깔이 변한다'는 의미로 '이르킨 베가'라고도 부른다. 8월 순록 뿔의 성장은 정점에 달한 뒤 서서히 굳기 시작하면서 벨벳 같은 뿔의 가죽이 벗겨진다. 순록들은 뿔의 가죽을 벗기기 위해 나무 가지에 연신 뿔을 비벼댄다. 자연도 변하기 시작한다. 8월 중순부터 낙엽들이 떨어지고 자작나무의 붉노란 잎이 휘날리며 오리나무와 벚나무 꽃이 흩어져 내린다. 다채로운 색의 열매들이 숲을 덮는다. 삼나무에는 지방이 풍부하고 맛있는 도토리가 열린다. 긴 겨울잠을 자기 전에 최대한 많은 지방을 축적하기 위해 곰과 얼룩무늬 다람쥐가 앞 다투어 도토리를 먹는다.

다람쥐와 흑담비도 삼나무 도토리를 먹는다. 꿩을 닮은 케드롭카도 겨울을 대비해 삼나무에서 멀리 떨어진 땅 속에 도토리를 모아두지만 종종 자신이 식량을 모아둔 곳을 잊어버린다. 그래서 케드롭카는 본의 아니게 삼나무 도토리의 자발적 운반자이자 전파자라는 명예를 안게 되었다.

삼나무는 타이가의 환경보호 측면에서 큰 의미를 지니고 있다. 삼나무 숲은 산사태를 막아주고 쌓인 눈이 강기슭에 한꺼번에 쏟아져 내리는 것을 막아준다. 삼나무는 질병 치료에도 효과적이다. 삼나무 잎사귀 탕약은 괴혈병과 류머티즘 치료제로, 타르는 상처 회복제로 사용된다.

8월 에벤키족은 기나긴 겨울을 대비하여 약초와 열매를 채집한다. 현대 들어 가정마다 현대식 의약품을 구비하고 있지만 여전히 에벤키족은 수천, 수백 년 동안 전해오는 민간요법과 지역의 약초를 더 선호한다. 에벤키족은 지역에서 자라는 약초의 살균, 진통, 해열 작용 및 원기 회복 효과에 대해 정통하다.

8월이 되면 남자는 장대로 순록 우리를 짓고 짝짓기에 나설 수놈을 고르는데 가장 많이 고려하는 점은 나이, 건강, 영양 상태이다. 짝짓기 전에 순록의 뿔을 자르는데 이때 아주 세심한 주의가 요구된다.

사진 7. 순록 뿔 자르는 도구. 내몽골 후룬뻬이얼 건허시 아오루구야 마을 수어위란(索玉蘭)의 집

여자들도 할 일이 태산 같다. 하루에 2번 암 순록의 젖을 짜야 하고 '에하스'라는 자작나무 통에 우유를 넣어 차갑게 해야 하며 나무 믹서인 '이티크'로 부드러워질 때까지 휘저어 우유 칵테일과 비슷한 에벤키 고유의 유제품과 버터를 만든다. 그리고 자작나무 껍질을 이용해 열매 수집용 바구니와 음식 보관용 바구니, 반짇고리 함을 만든다.

9월, '순록 짝짓기의 달' '시루단 베가'.

9월은 가을의 첫 달이다. 나뭇잎이 차가운 땅 위를 굴러다니고 아침이면 풀에 서리가 맺힌다. 서리는 가을이 다가왔다는 확실한 징표이다. 9월 새들이 떼를 지어 밤마다 남쪽으로 날아간다. 에벤키족은 학이 날아가는 모습으로 가을의 모습을 추정한다. 학이 하늘 높이 날아가면 따뜻한 가을이 오래 이어지지만 낮게 떠서 날아가면 가을은 짧고 음산할 것이라고 믿는다.

9월은 집 순록, 야생순록, 큰사슴, 사향고양이 같은 동물들의 짝짓기가 이루어지는 달이다. 이때가 되면 야생순록 수컷은 집 순록 떼 옆에 나타나서 암컷을 끌고 갈 기회만 호시탐탐 엿보는데 일부는 야생 순록을 따라 자신의 무리를 떠나기도 한다. 이들은 결국 다시 자신의 무리로 돌아오지만 '배신자'라는 오명과 함께 죽임에 처해진다.

9월, 폭풍이 잦은 타이가의 산 계곡과 강에 물고기가 떼 지어 내려온다. 연어가 가장 먼저 나타나는데 일부는 무게가 40킬로그램에 달하기도 한다. 순록 사육이 주된 생산 활동인 에벤키족에게 어로는 그리 중요하지 않기 때문에 아무리 물고기가 지천으로 널려있어도 한번 먹을 양만큼만 잡는다.

9월, 에벤키족은 다가올 사냥철 준비로 분주하다. 순록의 우리와 안장을 준비하고 겨울용 장작을 마련한다. 9월 말이 되면 잿빛 하늘이 보이는 횟수가 점점 더 늘어나고 비가 내리며 밤은 어둡고 춥다. 그래서 에벤키족은 이 시기를 '잿빛 9월'이라고 부른다.

10월, '사냥이 시작되는 달' '우군 베가'

10월은 가을의 두 번째 달이지만 에벤키족은 10월에 이미 겨울이 시작된다고 생각한다. 나무와 관목들은 마지막 나뭇잎을 떨어뜨리고 땅과 물이 얼어붙기 시작한다. 물고기 떼는 얼지 않은 깊은 물속으로 들어가고 동물들은 따뜻한 털옷을 겹겹이 껴입는데 겉 털옷 안에는 혹독한 겨울 추위를 이겨낼 수 있도록 보드라운 작은 털이 점점 많아진다. 얼룩무늬 다람쥐는 창고에 도토리를 수북이 모아두고 곰들은 겨울잠을 자기 위해 굴을 만든다.

추위가 깊어지면서 타이가는 적막강산처럼 느껴지지만 타이가의 삶은 여전히 분주하다. 딱따구리는 아침부터 늦은 밤까지 나무껍질 밑에 숨어있는 곤충과 유충을 잡아먹느라 무척 바쁘다. 멧닭은 월귤나무 열매들을 먹기 위해 눈 위를 쉴 새 없이 돌아다니고 자작나무에서는 들꿩이 울어댄다. 새들도 겨울나기를 준비한다. 멧닭, 들꿩, 자고새의 발에는 각질과 촘촘한 털이 자라난다.

11월, '눈 내리는 달' '이만날로게 베가'

11월은 가을의 마지막 달이다. 에벤키족은 11월을 12월의 형이자 겨울의 반(半)달이라고 생각한다. 11월이 되면 흐름이 거센 강의 여울만 하얀 물거품을 일으키면서 흘러내릴 뿐 호수와 강의 물이 모두 얼어붙는다. 11월 타이가에는 쉼 없이 눈이 내린다. 눈의 무게로 도토리나무는 땅에 거의 붙어버리고 나뭇잎은 보이지 않는다. 타이가에는 정적이 흐르고 케드롭카가 눈 아래에서 여름 동안 모아둔 도토리 열매 찾는 소리만 간간히 들려온다. 들꿩은 마가목과 산사나무 열매를 먹느라 이 나무에서 저 나무로 분주히 돌아다닌다. 토끼는 관목 숲 사이에 오솔길을 만든다. 날이 갈수록 해 뜨는 시간은 점점 더 짧아지고 추위는 점점 더 혹독해진다.

겨울이 되면 순록들은 돌아다니지 않고 자기 자리를 지키기 때문에 에벤키족은 추울 때가 더울 때보다 순록 사육이 더 쉽다고 한다. 거센 눈보라가 몰아치면 순록들은 함께 모여 따뜻한 입김으로 서로에게 온기를 전해주면서 추위를 이겨낸다.

12월, '혹독한 추위의 달' '스투덴' 또는 '어둠의 달' '헥디그 베가'.

사진 8. 타이가의 12월.
출처: http://fotohomka.ru/108208-tajjga-zimojj-foto-1-download.html

강과 호수들은 두꺼운 얼음으로 뒤덮인다. 낮은 점점 더 짧아지고 밤은 점점 더 길어진다. 겨울의 첫 번째 달인 12월 에벤키족은 유목을 하지 않고 내내 한 곳에 머무른다. 1년 중 밤이 가장 길고 낮이 가장 짧은 동지인 12월 22일 이후 아주 느리지만 낮의 길이가 조금씩 길어지면 에벤키족은 '굴속의 곰이 옆으로 돌아누웠다'고 말한다.

겨울 추위는 가혹할 정도로 혹독하지만 타이가의 삶은 절대 멈추지 않는다. 이전에는 혼자 돌아다녔던 순록이나 사향고양이들이 작은 그룹을 이루어 돌아다닌다. 사향고양이는 적으로부터 자신을 보호하기 위해 높은 절벽의 관목 숲에서 살며 이끼, 나뭇가지, 싹, 버섯 등을 먹는다. 사향고양이와 순록은 외양부터 큰 차이가 난다. 사향고양이는 사냥개보다 작고 무게는 13~15킬로그램 정도이며 몸은 균형이 잘 잡혀 있고 뒷다리 근육이 무척 발달했는데 뒷다리가 앞다리보다 1.5배 더 길다. 그래서 서있는 모습이 등을 구부리고 있는 것처럼 보인다. 전체적인 몸의 빛깔은 어두운 갈색이며 옆구리와 등에는 밝은 회색의 작은 점들이 찍혀있어서 숲속에서도 다른 동물들의 눈에 잘 띄지 않는다. 수컷의 위턱에는 상아빛을 띤 7~10센티미터 정도의 날카로운 칼 모양의 송곳니가 솟아있는데 암컷을 두고 적과 싸울 때 보신용 무기의 역할을 한다.

수컷의 배꼽 근처에는 '사향 줄'이라는 사향 분비선이 있다. 사향은 오래 전부터 중국에서 의약품이나 향수 생산에 사용되었다. 현재는 무분별한 삼림 채벌, 바이칼·아무르 간선철도 주변 지역의 공업화, 사향 획득을 위한 탐욕적 포획 등으로 사향고양이의 수가 급격히 감소했다.

12월은 해가 떠 있는 시간이 매우 짧기 때문에 에벤키족은 3~4명 단위로 순록을 타고 다니면서 순록 떼를 보살핀다. 무리를 이탈한 순록을 무리 안으로 들여보내야 하고 순록을 위해 소금기 있는 먹을거리들을 순록들이 다니는 길목에 놓아두어야 하며 늑대들을 쫓기 위해 순록의 우리 근처에 모닥불을 지펴야 한다. 그리고 다람쥐, 흑담비, 야생 순록 사냥을 한다.

에벤키족의 이케닙케 새해맞이 순록 축제

'이케닙케'는 에벤키족의 새해맞이 순록 축제로 '삶의 부활'이라는 의미이며 에벤키족에게는 일 년 중 가장 즐겁고 행복한 날이다. 이케닙케 축제는 고대부터 전해오고 있음에도 20세기 이전에는 전혀 알려지지 않았다. 그런데 1930년 러시아 인류학자 바실레비치(Vasilevich G. M.)가 1930년 앙가라 강 에벤키족의 후손인 투루한 지역 심 강 에벤키족을 탐사하면서 비로소 세상에 알려지게 되었는데 이들은 현재까지도 이 축제의 원형을 보존하고 있다.

이케닙케 축제는 4월 중순에서 5월 중순 사이 초승달이 뜨는 날 개최되며 축제와 함께 에벤키족의 새해가 시작된다.[6] 이 시기 2~3가족 단위로 유목을 하던 에벤키족은 유목을 끝내고 한 곳에 모여 함께 축제용 춤(천막집)과 샤먼의 징표를 만들면서 축제를 준비한다. 축제의 목적은 우주의 신인 에네켄 부가로부터 성스런 힘인 무순을 받아 자연의 부활, 야생 동물과 사육 동물의 번창을 기원하기 위한 것이지만 가장 중요한 목적은 씨족의 건강과 평안 기원이다.

사진 9. 2017년 이르쿠츠크 에벤키족 자치구에서 개최된 이케닙케 축제 팜플렛.
참고: http://etno.pribaikal.ru/novogodnij-prazdnik-v-letnem-sadu

8일 동안 원무를 추면서 거행되는 이케닙케 축제의 키워드는 '새해맞이'와 '순록사냥'이다. 이케닙케 축제에서 에벤키족이 표현하려는 것은 순록 사냥의 성공과 풍년, 1년 생활 리듬의 재구성, 샤먼의 강엥데키트[7]를 따라 무의식의 저변에 자리 잡고 있는 에벤키족의 기원지를 찾아가는 것이다.

이케닙케 축제가 에벤키족의 다른 축제와 구별되는 점은 순록을 제물로 바치지 않는 점, 순록 사냥의식에서 샤먼이 주도적 위치에 놓이지 않는 점, 샤먼의 의상과 장신구에 대한 정화 의식이 거행된다는 점이다.

축제 의상

이케닙케 축제 의상의 의미.

사진 9. 2017년 사하공화국 네륜그린 지역 이케닙케 축제와 전통 축제 의상.
참고: http://old.sakha.gov.ru/akha/node/249042

에벤키족의 삶에서 이케닙케 축제가 차지하는 의미는 축제 의상을 통해 알 수 있다. 이케닙케 축제 의상은 사진9처럼 모자, 앞치마, 외투, 각반이 있는 긴 신발로 구성된다. 이케닙케 축제 의상은 가장 질 좋은 여름 순록 가죽으로 만들기 때문에 재료의 가격도 비싸지만 의상 준비에 상당한 노력과 시간이 소요된다. 보통 의상은 어린 시절에 준비한다. 비록 1년에 한번 입지만 의상 준비에 1~2년 혹은 몇 년 동안 공을 들이기도 한다.

이케닙케 축제 의상은 구슬, 철제 장신구 등으로 아름답고 화려하게 장식한다. 또 의상의 가장자리에 두를 산양과 염소 가죽을 구하기 위해 산지에서 유목하면서 산양과 염소 사냥을 하고 외투 장식을 위해 말 꼬리를 구입한다.

이케닙케 축제 의상이 인류학자들의 관심을 끄는 이유는 다음과 같다.[8] 첫째, 이케닙케 축제 외투에는 고대 퉁구스족 외투의 재단법이 보존되어 있다. 둘째, 대다수 에벤키족의 샤먼 의상은 이케닙케 축제 의상에서 기원한다. 셋째, 소매 윗부분과 신발 넓적다리 부위에 풍부하게 그려진 풍부한 문양은 고대 신체의 이 부위에 에벤키족이 새겼던 문신과 동일하다.

남성용 모자 엘덴과 여성용 모자 인테카.

사진 10. 이케닙케 축제용 모자

모자는 사진10[9]처럼 남녀 모두 세 개의 띠로 이루어지는데 하나의 띠는 이마를 지나며 두 개의 띠는 십자형으로 정수리를 지나가는데 정수리를 지나는 띠의 숫자는 유동적이다. 여성용 모자는 이 부분을 구슬로 장식하고 귀부터 관자놀이까지는 굵은 구슬 띠를 다는데 띠의 숫자는 유동적이다. 모자를 쓸 때 앞부분의 가장자리가 이마에 닿아야 한다. 최근 남자들 중 일부는 모자 안쪽에 면 스카프를 쓰기도 한다.

외투 섭뎁추(shɛbdɛpchu).

사진 11. 외투 섭뎁추의 앞과 등 부분

여름 순록 가죽으로 만든다. 과거 소매 윗부분은 순록 앞다리 가죽으로 만들었다. 사진11[10]처럼 등의 윗부분에는 좁은 세로띠 문양을 붙였는데 과거에는 이 부위와 아래 부위의 접합점에 말꼬리 털로 만든 띠를 길게 달았었다. 하지만 이후에는 말꼬리 털로 만든 띠 옆에 같은 길이의 직물 띠를 함께 붙이거나 직물 띠만 붙이기도 했다. 또 사진11의 세 번째 사진처럼 말꼬리 털로 만든 작은 다발을 외투 허리 부위에도 붙였다. 소매와 어깨의 접합 부위, 앞쪽 허리 부위부터 등의 허리 부위까지 외투의 모든 옷자락에 흰 산양의 목 아래 흰색 털을 붙였다. 가슴 측면에는 구슬 장식을 한 좁은 순록 다룸 가죽을 붙였다.

외투 등 부위의 주요 재봉선에 근거할 때 초기에는 몸집이 작은 양이나 사슴 같은 동물 가죽 3장으로 만들었으며 소매는 순록 다룸 가죽으로 만들었을 것으로 추정된다.

여성용 앞치마 넬리, 남성용 앞치마 헬리.

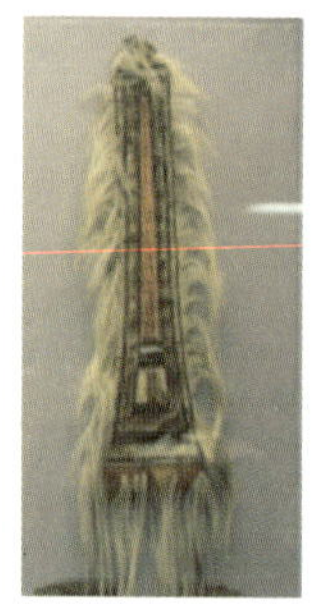
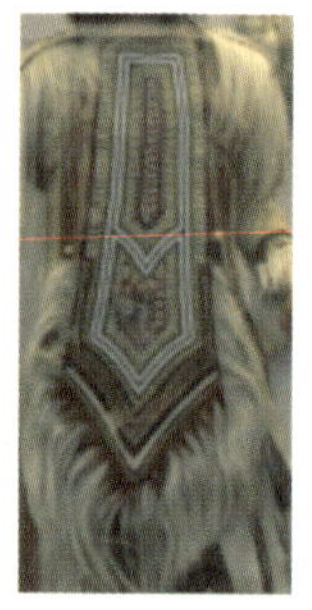
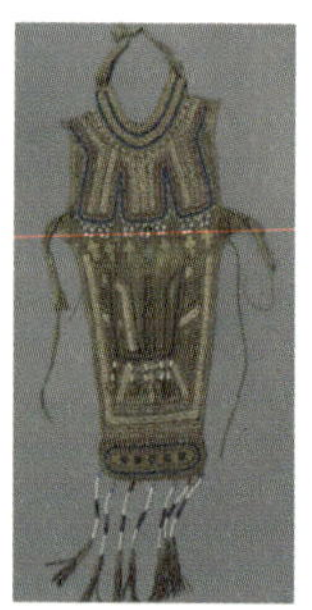

사진 12. 여성용 앞치마(좌와 중)와 남성용 앞치마(우). 노보시비르스크 국립 지역 박물관.

외투의 위에 입는데 무릎까지 오며 여성용 앞치마의 밑단은 직선 모양이고 구슬 장식을 하며 남성용 앞치마의 밑단은 각진 모양이다.

신발 쿠루무.

사진 13. 축제 신발

순록 다룸 가죽으로 만든다. 사진13[11]처럼 신발의 길이는 각반을 포함하여 넓적다리 끝에 닿을 만큼 길었다. 신발은 무릎까지 오며 아랫부분은 구슬로 촘촘하게 장식하고 넓적다리까지 각반을 붙인다. 각반은 대개 여름 순록 종아리 가죽으로 만들지만 순록 다룸 가죽으로 만들기도 한다.

이케닙케 축제 의상의 특징들은 1930년대까지도 예니세이 강 서쪽 에벤키족 의상에 보존되어 있었는데 장식은 조금 덜했다. 예니세이 강 동쪽에서 레나 강 이전 지역의 에벤키족 사이에는 앞치마만 보존되어 있으며 더 동쪽으로 가면 앞치마조차 보존되어 있지 않고 예니세이 강과 레나 강 사이 에벤키족에게서는 샤먼 의상으로 변했다. 셀쿠프족, 네네츠 유라키족, 엔츠족, 일부 네네츠족, 고아시아 케트족 샤먼 의상이 에벤키족 이케닙케 축제 의상과 유사한 점으로 미루어 이들이 고대 에벤키족으로부터 이 의상의 기본구조를 차용한 것으로 추정된다.[12]

축제 준비

춤 설치. 여러 씨족이 공동으로 축제를 준비하는 만큼 춤도 같이 설치한다. 사진14[13]와 15[14]처럼 축제용 대형 춤을 설치하고 샤먼 보조령의 형상을 나무로 만들어 춤 주위에 세운 뒤 축제 기간 제물을 바친다. 춤의 동서남북에는 샤먼의 주 보조령인 신

사진 14. 2017년 이르쿠츠크 에벤키족 민속문화 자치구에서 개최된 이케닙케 축제용 춤

화 속 학, 백조들의 형상을 한 나무 기둥 가샬릴을 설치한다. 출입구 근처에는 나무로 만든 외팔 사람 형상인 다라구샬 4~8개를 세워두고 근처에는 손에 지팡이를 들고 있으며 적대적인 샤먼의 영혼으로부터 사람들을 보호해줄 나무로 만든 사람 형상 헤메케르 4개를 세워둔다. 크기가 작은 다라구샬은 춤 안의 마루[15] 좌우에는 크기가 작은 다라규샬을 2개씩 세워둔다.[16]

출입구 문지방에는 모캐[17] 형상인 델리를 두 개 세워두고 출입구 맞은편에는 꼭대기에 독수리의 형상이 달려있는 장대를 꽂아둔다. 춤 입구는 통나무 조각 우겐으로 막는다. 마루 바깥쪽에는 자작나무, 낙엽송, 삼나무 세 그루를 세워두는데 가끔 옆에 야생 순록 수컷의 형상을 추가하기도 한다. 사진14를 통해 알 수 있듯이 춤 가운데 장대 침카는 춤의 다른 장대보다 길어야 하며 꼭대기에는 샤먼의 보조령이 앉아 있을 다람쥐 둥지 차페를 설치한다. 침카에는 원무를 쉬는 동안 샤먼이 북을 걸어둘 횡목을 설치한다. 침카 옆에는 타이가를 상징하는 작은 자작나무 한그루, 낙엽송 세 그루, 삼나무 한 그루를 세워둔다. 춤의 마루 근처에는 천상세계의 신 엑세리나 그 보조령이 인간세계로 내려올 때 사용할 계단을 상징하는 기둥 투루를 설치한다. 축제 참가자들은 신 엑세리에게 제물로 받칠 다람쥐, 여우, 오소리 등의 동물 가죽이나 새로 마련한 스카프, 직물 조각, 순록 고삐 등을 투루에 걸어둔다.

사진 15. 1931년 바실례비치가 심 강 에벤키족 이케닙케 축제 답사 당시 찍은 축제용 춤 사진

이케닙케 축제가 끝난 뒤 제물의 일부는

샤먼이 가져가고 일부는 고아들에게 나누어준다. 샤먼이 모든 제물을 가져가면 엑세리의 분노를 사기 때문에 샤먼은 모든 제물을 가져갈 수 없다. 스카프, 직물 조각들은 투루에 남겨두지만 누구도 건드리지 않기 때문에 축제가 끝난 이후에도 오랫동안 그곳에 걸려 있다.

축제용 춤을 설치할 때 샤먼 장신구 제작장도 같이 설치하여 샤먼 의상을 장식할 금속 장신구와 북을 만든다.

샤먼 의상 롬볼론과 샤마시크.

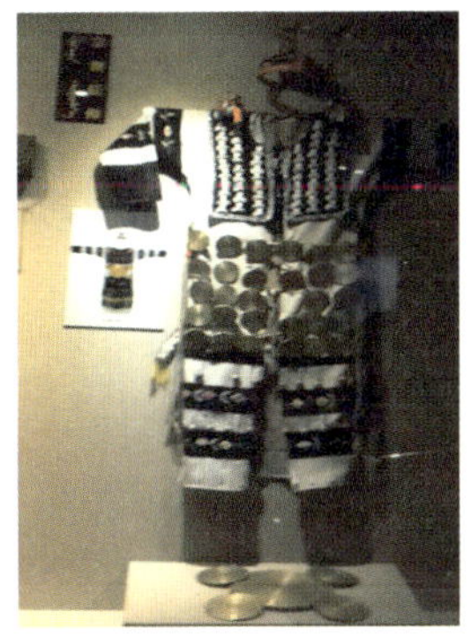

사진 16. 에벤키족 샤먼의 의상. 내몽골 후룬뻬이얼 어원커족자치기 에벤키족박물관

샤먼 의상에서 금속 장신구의 양은 지역 그룹별로 변별적인데 서쪽에서 동쪽으로 갈수록 감소한다. 의상의 금속 장신구는 악령과의 투쟁에서 승리하는 횟수만큼 증가한다. 필요한 모든 부위에 장신구를 달은 샤먼, 특히 뿔이나 동물의 형상이 있는 등 보호 판인 다구일을 8개 달은 샤먼은 무서운 것도 없고 악령의 화살도 침범하지 못하

는 강한 힘을 가지고 있다.[18] 의상의 금속 장신구는 샤먼이 질병을 치료할 때 보조령의 역할을 하는 가가라와 엥데키트 강을 무사히 지나갈 수 있게 도와주는 개구리와 곰들을 상징하고, 가슴 방패 앙가키트는 화살을 막아주는 역할을 한다. 가장자리 수술 모양의 철제 장신구는 엥데키트 강을 이동할 때 사용된다. 등의 금속 장신구는 척추를, 소매의 철제 장신구는 손뼈를, 각반의 금속 장신구는 다리뼈를 상징한다.

샤먼 외투 만드는 작업에는 미혼의 여성만이 참가할 수 있으며 참가자의 수는 지역 그룹에 따라 변별적인데 이는 지역 그룹의 숫자 상징성과 관련이 있다. 레나 강 동쪽 지역에서는 숫자 9가 특별한 의미를 가지기 때문에 레나 강 우측 지류인 비팀 강~올룍마 강 지역에서는 9명의 미혼 여성이 이 작업에 참가한다. 반면 숫자 7이 주술적 의미를 가지고 있는 오브 강~레나 강 지역에서는 7명의 미혼 여성이 이 작업에 참가한다. 샤먼 의상의 금속 장신구는 샤먼과 여러 씨족 남자들이 같이 만든다.

이케닙케 축제 전 샤먼의 꿈에 '아야키'라는 야생 순록이 나타나기도 한다. 이럴 경우 샤먼은 의상과 북을 만들기 위해 아야키와 아야키가 있던 장소의 특징을 사람들에게 상세하게 일러주면서 사냥을 독려한다. 단 이 순록은 샤먼이 속한 씨족이 아니라 다른 씨족의 남자들이 사냥을 해야 한다. 과거에는 순록 사냥이 끝난 뒤 순록뿐만 아니라 주변에 떨어져 있는 순록의 털도 모두 한곳에 모아 묻은 뒤 주위에 보호령 헤메케르 형상 8개를 세워두었다.

북 웅투분 혹은 님응앙키.

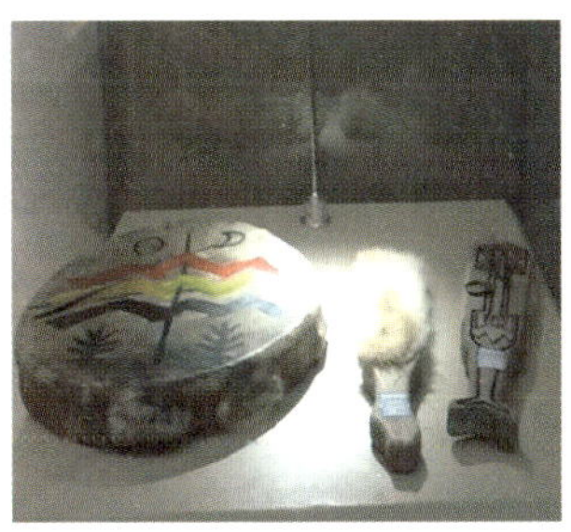

사진 17. 에벤키족 샤먼의 북과 북채. 내몽골 후룬뻬이얼 어원커족자치기 에벤키족박물관

북은 샤먼이 주술 의식을 하면서 엥데키트 강과 그 지류들을 여행할 때 타고 다니는 뗏목이나 보트를 상징하지만 사람의 머리를 상징하기도 하는데 북의 윗부분 호론은 정수리를, 아랫부분 데그는 턱을, 테두리의 튀어나온 부분 세르는 귀를 상징한다.

북 테는 나무로 만드는데 나무의 종류는 지역의 식생대에 따라 달라진다. 예니세이 강 우측의 톡마 강 에벤키족은 자작나무로, 예니세이 강 우측 지류인 포드카멘나야 퉁구스카 강 에벤키족은 전나무로, 시베리아 남쪽 벨라야 강 우측 지류의 심 강 에베키족은 낙엽송으로 만든다. 나무를 자를 때 나온 대패 밥은 순록의 털과 함께 한곳에 모아둔다. 북 테의 돌출부는 샤먼이 악령과의 투쟁에서 승리할수록 점점 증가한다. 북 테에서 옆의 들어간 부분은 '일딜딜 셈테르'라고 부르는데 축어적 의미는 '틈, 간격'이지만 '샤먼 스승의 귀'로 의미 확장을 했다. 북 안에 있는 7~9개의 횡목은 '울켈'이라고 부르는데 '보트의 횡목'이라는 의미이다. 사진 17의 좌측 사진[19]에 보이는 횡목 접합점 주변의 철제 원 '충구레'는 '세계의 중심'을 상징한다. 심 강 에벤키족은 에벤키족 가운데 유일하게 붉은 색 염료로 북 바깥쪽에 톱니 모양의 궁형 그림을 그려 넣는데 이들은 이 그림을 샤먼이 스승에게 받은 첫 주술문이라고 믿는다.

샤먼의 또 다른 중요한 징표에는 북채가 있다. 북채는 '말, 단어'라는 의미의 '기시~기시분' 혹은 '손잡이'라는 의미의 '댜발간'이라고 불린다. 북채는 북 테와 같은 나무로 만들고 큰사슴, 순록, 곰 가죽을 덮어씌운다. 손잡이의 위부분에는 사람의 머리를, 아랫부분에는 가가라나 곰을 그려 넣는다.

축제 진행 과정

축제 하루 전.

샤먼이 춤에서 축제 참가자들에게 정화의식을 수행하는데 크게 3단계로 나누어진다.

1단계 정화의식. 샤먼은 의식의 시작을 알리는 노래를 부르고 북을 두드리면서 샤먼 의상용 금속 장신구를 만들 때 생긴 철제 톱밥을 불에 던진다. 그 다음 불 위로 순록 비계 덩어리를 치켜 올린 뒤 악령 발라가 침범하지 못하도록 참가자 전원의 손등에 십자형으로 문지른다.

2단계 천상세계 신과의 접신. 샤먼은 주술노래를 부르면서 천상세계의 신 엑세리(~시루니)를 지상으로 내려오게 한다. 투루를 타고 내려온 천상세계의 신 엑세리는 투루에 바쳐진 제물을 살펴본 뒤 샤먼과 대화를 시작한다. 엑세리는 샤먼을 통해 참가자들의 운명과 올해 순록의 번창 여부를 알려준 뒤 떠난다.

3단계 땅의 신과의 접신. 샤먼은 땅의 신 둔다디를 부른다. 둔다디는 투루에 바쳐진 제물을 살펴본 뒤 샤먼을 통해 누가 언제 아프게 될 것이라고 알려주고 떠난다.

축제 첫째 날.

'동물을 놀라게 하여 쫒아가다'는 의미로 '일베데키치'라고 부른다. 축제 첫째 날의 가장 중요한 의식은 '샤먼 장신구 정화의식'과 '지하세계로의 이동'이며 크게 2단계로 나누어진다.

1단계 정화의식. 샤먼 의상용 금속 장신구를 만들 때 사용한 도구들과 춤 정화 의식이 거행된다. 참가자들이 샤먼 장신구 만드는 작업에 사용된 도구를 들고 원형으로 둘러앉으면 샤먼은 주술 노래를 시작한다.

단련(鍛鍊)하라! 단련하라! 대장장이들아!
나의 대장장이들은 몇 명인가?
나의 금속을 단련하는 남자들은 몇 명인가?
그들은 나를 위해 무엇을 했는가?
나를 위해 다구일을 만들었네.
나의 모피를 바람에 날려 보내는 사람은 몇 명인가?
나의 금속 장신구를 만드는 사람은 몇 명인가?
나는 금속 톱밥을 모아
더 날카롭게 만드네.
대패질을 하라! 대패질을 하라! 목수들이여!
무순에게 굴복하지 않는
내 집게는 몇 개인가?
내 망치는 몇 개인가?
무순에게 굴복하지 않는
내 끌은 몇 개인가?

무순에게 굴복하지 않는
내 망치는 몇 개인가?
털을 준비하라,
목 아래 털로 바느질하고,
붉은 색 염료를 만들어라.
빈틈없이
모든 것을 부드럽게 다듬는 여성들이여!

샤먼이 주술노래를 하는 동안 참가자 전원 칼날을 위쪽으로 한 뒤 가죽을 자르고 샤먼 장신구 만드는 작업을 흉내 낸다. 샤먼은 계속 주술 노래를 부르면서 작업의 모든 과정과 작업에 사용된 도구들을 하나하나 호명한다.

2단계 지하세계 돌보니트키로의 이동. 샤먼이 뛰어오르면 참가자 중 한 명이 샤먼을 붙잡는다. 이때 손에 작은 헤메케르를 들고 샤먼의 맞은편에 앉아있던 두 명의 여성이 샤먼, 샤먼의 보조들과 함께 소리치면서 뛰어오른다.

"파게이! 쿨루르! 데쿠르! 데쿠르! 둔네르!
히미르! 우유르! 토쿠르! 아바! 데레! 아-아!"

이 단어들은 현대 에벤키어에는 없다. 에벤키족은 이 단어를 세상이 창조되는 각 단계의 명칭이라고 해석한다. 그 다음 참가자 모두 위로 뛰어 오른 뒤 앞으로 나가면서 샤먼과 함께 원무를 춘다. 이 의식이 끝나면 일부는 강가로, 일부는 샤먼의 북으로 상징되는 뗏목을 타고 강을 따라 간다. 샤먼이 다음과 같이 외치면 모두 행진을 시작한다.

"엘레르! 엘레르! 에켈-엘-엘룰

(태양의 움직이는 방향을 따라 원으로 움직인다).

니카! 니카카르! 싱탈날 엘레틸데케드루! 엘레 엘렌무세예! 엘레르! 엘레르!

(아이들아! 아이들아! 이 땅을 남겨두고 태양을 따라 자신의 길을 가라!)"

계속하여 샤먼은 노랫말을 통해 사람들에게 이동 방향과 이동 장소를 알려준다. 샤먼이 한 구절을 부르면 참가자들은 원무를 추며 따라 부르면서 태양이 움직이는 방향으로 이동한다. 그렇게 밤까지 춤을 춘 뒤 잠을 자면서 휴식을 취한다. 밤에 샤먼은 꿈 속에서 이후의 도정을 알아내야 한다. 이날 모두 샤먼과 함께 샤먼의 강인 엥데키트 강의 하구로 간 뒤 방향을 바꾸어 수원지 쪽으로, 천상 세계 쪽으로 이동하기 시작했다.

축제 둘째 날.

'6번의 회전'이라는 의미로 '쿠투데키치'라고 부른다. 축제 둘째 날의 가장 중요한 의식은 '순록 추격 의식'과 '샤먼의 점'이다. 의식은 아침부터 시작되는데 크게 3단계로 나누어진다.

1단계 하늘 순록 추격. 하늘 순록을 찾아내어 놀라게 한 뒤 그 뒤를 쫒아간다. 모두 춤에 모여 원을 만든 뒤 태양이 움직이는 방향으로 원무를 추고 샤먼은 노래를 한다.

"엘레르! 엘레르! 에켈-엘-엘룰! 에렐룰! (2회 반복)

개들은 멈추지 말고 순록을 쫓아가라! (2회 반복).

…

나무 사이로 쫓아가라!

…

땅이여! 땅이여!

회오리바람이여! 먹구름이여!

변신하라! 변신하라!"

계속하여 샤먼은 하늘 순록을 쫓아가면서 에벤키족이 마주하게 될 환경을 노래한다. 봄이 오면서 풀이 돋아나고 여름이 시작되면서 풀이 자란다. 가을이 오면서 풀이 시들고 첫눈이 내리면서 겨울이 시작된다. 그 동안 새끼였던 순록은 어엿한 어른이 되었다.

샤먼이 가는 길에 만난 모든 동물들을 열거하면 샤먼과 참가자 전원 동물 흉내를 낸다. 오후에는 식사를 하면서 휴식을 취한 뒤 밤까지 원무를 춘다. 휴식 시간에 남자들은 자작나무, 삼나무, 낙엽송으로 작은 순록 형상 4개를 만든다.

2단계 샤먼의 점. 순록을 추격하면서 샤먼은 참가자들의 수명에 대해 점을 친다. 이를 위해 모두 자신의 화살을 가지고 온다. 샤먼은 화살을 차례로 들어 출입구를 통해 춤 밖으로 던진다. 춤 가까운 곳에 화살이 떨어진 사람이 더 빨리 죽는다고 믿는다.

3단계 순록 포위. 샤먼이 순록의 행동을 묘사하면서 노래를 부르면 순록이 도망가지 못하도록 참가자들이 몰이꾼 대열로 원을 만들면서 둘째 날 축제가 끝난다.

축제 셋째 날.

'곧게 뻗은 길'이라는 의미로 '시나데키치'라고 부른다. 축제 셋째 날의 가장 중요한 의식은 '악령 퇴치 의식'이다. 의식은 아침부터 시작되며 크게 2단계로 나누어진다.

1단계 악령 발라의 공격과 샤먼의 방어. 악령 발라가 사람들을 공격한다. 샤먼이 악령을 무사히 쫓아낼 수 있도록 참가자 모두 혼연일체가 되어 샤먼을 도와준다. 고함소리와 소란스런 소리로 가득하고 결국 발라는 퇴각한다.
천상세계로 가는 동안 산맥을 지날 때 가끔 먹구름을 만나기도 하는데 이는 불길한 징후이다. 또 얕았던 여울물이 갑자기 깊어지기도 하는데 이것도 불길한 징후이다. 이후 전염병이 돌 수도 있다. 이때 샤먼은 이런 불길한 징후를 쫓아내려는 시도를 한다. 샤먼이 주술을 선창하면 참가자 모두 따라 부르면서 서로의 염원을 일치시킨다.

2단계 순록 추격과 천상세계로의 이동. 점심식사를 하면서 휴식을 취한 뒤 원무는 밤까지 이어진다. 끝나기 전에 몰이꾼 대열을 만들면서 셋째 날 축제가 끝이 난다.

축제 넷째 날.

'반쯤 탄 길', '숲의 불길을 지나서'라는 의미로 '아기얀댜키치'라고 부른다. 이날 북이 완성되면 샤먼은 북을 두드리고 순록을 추격하면서 천상세계를 향해 점점 가까이 다가간다.

축제 다섯째, 여섯째 날.

'좋은 길'이라는 의미로 '굴란체데키치'라고 부른다. 순록 추격은 계속되고 이 날 새로운 금속 장신구로 샤먼의 외투를 장식한다.

축제 일곱째 날.

'동물에게 상처를 입힌 곳, 동물을 따라잡은 곳'이라는 의미로 '고요데키치' 또는 '복차키치'라고 부른다. 축제 일곱째 날의 가장 중요한 의식은 '나무 순록 형상 받기'이다.

이날 샤먼 의상의 금속 장신구 만드는 일을 종료한 모든 남자들이 샤먼의 활로 조그만 나무 순록에 화살을 쏘면서 하늘 순록 사냥과 죽임에 대한 바람을 나타낸다. 샤먼은 나무 순록을 부위별로 잘라 각 가정에 한 조각씩 나누어준다. 이 조각은 다음 이케닙케 축제 때까지 성물(聖物)과 함께 보관한다.

축제 여덟 째 날.

'사냥터'란 의미로 '다립댜키치'라고 부른다. 이날 샤먼 강의 수원에 도달하고 그 다음 천상세계까지 간 뒤 하늘 순록을 사냥한다. 샤먼은 천상세계에 가서 천상세계의 신 엑세리와 대화를 나눈다. 엑세리는 오는 도중 겪은 일에 대해서 물어본다. 샤먼이 되돌아와서 신과의 대화 내용을 사람들에게 알려주면서 이케닙케 축제는 막을 내린다.

이케닙케 축제의 비(非)샤머니즘적 요소와 샤머니즘적 요소

비(非)샤머니즘적 요소.

이게닙케 축제에서 보이는 비샤머니즘적 요소는 다음과 같다.

첫째, 하늘 순록(혹은 하늘 사슴)의 집단 사냥 의식이다. 에벤키어에는 엑세리 외에도 천상세계의 신을 의미하는 시루니(shiruni)라는 단어가 있다. 시루니는 순록 수컷, 큰사슴 수컷을 의미하는 시루~히루(siru~hiru)와 어근이 같다. 이것은 천상세계의 신이 인간에게 순록이나 사슴으로 인지되고 사냥이 주된 생산 활동이었던 샤머니즘 수용 이전 에벤키족의 의식과 관련이 있다. 또 이케닙케 축제 동안 펼쳐지는 순록 사냥의 상황은 1년 동안 에벤키족 삶의 조건을 상징한다.

둘째, 순록의 사냥과 순록 고기 분배 의식이다. 에벤키족은 이케닙케 축제 일곱 째날 받은 작은 나무 순록 조각을 보관하면 1년 동안 순록 고기 풍년이 들어 배 불리 지낼 수 있다고 믿는다. 신석기시대 앙가라 강 인근 돌섬의 암벽화, 레나 강 인근 보로비예보 마을의 암벽화에는 순록(큰사슴)사냥과 관련된 표현물이 그려져 있다.[20] 이를 통해 신석기시대 앙가라 강과 레나 강 인근의 토착민들이 당시 이미 유사한 형태의 제의용 유희를 거행했던 것으로 추정된다. 이케닙케 축제 첫날 현대어로 번역이 불가능한 단어를 외치면서 이루어지는 뛰기는 사냥 시작을 알리는 신호로 추정된다.

셋째, 샤먼이 축제에서 주도적 위치에 놓이 않는 점, 봄이라는 축제의 계절성, 피를 보는 제물을 바치지 않는 점도 이케닙케 축제의 비샤머니즘적 요소이다.

이러한 비샤머니즘적 요소들은 이 의식을 북동고아시아족의 '고인과 부활하는 신의 축제', 느가나산족의 '청결한 춤(천막집) 축제', 남방 농경민족의 춘분축제와 비교할 수 있게 한다.

샤머니즘적 요소.

이케닙케 축제에서 보이는 샤머니즘적 요소는 다음과 같다.

첫째, 과거 기원지에 대한 잠재의식으로서 강 수원을 향한 이동 의식이다. 샤머니즘 수용 이후 샤먼의 가장 중요한 역할은 수백 세대에 걸쳐 축적된 종족 의식의 보존과 종족의 역사를 후세대에 전달하는 것이었다. 이는 '신화, 전설, 민담 등을 이야기하다'라는 의미의 님응아칸(nimngakan)과 '샤먼 의식을 거행하다'는 의미의 님응아(nimnga)의 어근이 동일한 사실로 추정 가능하다. 샤먼은 자신의 역할을 충실히 수행하고자 이케닙케 축제 때 잠재된 기억을 더듬어 과거 종족의 기원지를 찾아가려고 했을 것이다.

둘째, 샤먼 의상과 징표의 복원과 제작이다.

셋째, 주술 의식 사이에 샤먼에 의해 행해지는 수명과 사냥의 성공 여부에 대한 점이다.

이중 가장 흥미로운 것은 첫 번째 요소이고 두 번째 요소는 보조적인 의미를 가지며 기본적인 축제 의식과 제한적으로 관련되어 있다. 하지만 에벤키족과 인접한 셀쿠프족과 알타이족은 두 번째 요소가 독자적인 샤먼 북 부활 축제로 변형, 발전되었다.[21] 세 번째 요소는 대다수 알타이계 민족들의 축제에 특징적이다.

그렇다면 에벤키족의 기원지는 어디일까? 일부 에벤키족이 주장하듯이 정말로 앙가라 강 좌측 지류의 수원과 사얀 산맥에서 기원하는 것일까? 이에 대해 명확한 결론을 내릴 수는 없지만 다음의 사실로 과거 언젠가 앙가라 강 수원과 사얀 산맥에 에벤키족이 거주했던 것은 분명해 보인다.

첫째, 현재 앙가라 강 좌측 지류에 에벤키족이 거주하고 있다. 둘째, 현재까지도 심 강 에벤키족은 자신의 선조들이 앙가라 강 지류에서 심 강으로 이주해 왔다고 생각한다.

셋째, 앙가라 강 지류 중 일부 강의 명칭, 예니세이 강 상류 지류들의 명칭이 에벤키족 씨족명과 같다. 가령 예니세이 강의 지류 키마/케무 강와 심 강 에벤키족의 키마/케무 씨족명이 일치한다. 현재 예니세이 강 상류의 강 이름들은 '어근+접미사 -kem~hem'의 구조이다. 튀르크어에서 '물'을 의미하는 단어는 'su'임에도 현재 튀르크어에서 kem~hem이 '강'이라는 의미로 사용되고 있다. 이에 근거하여 예니세이 강 상류 지류의 명칭들이 고대 이곳에 거주하던 킴~켐-형 씨족에서 기원했다는 추정이 가능하다. 10~12세기 이르티시 강 상류에는 튀르크계 키마키 씨족이 거주했다.

키마키에서 접미사 -ki가 과거 씨족에 대한 소속성을 의미했다면 현대 에벤키족에게서 접미사 -ki는 씨족에 대한 남성들의 소속을 의미하고 씨족에 대한 여성의 소속은 -kshin이라는 접미사가 대신한다. 가령 바야키(baja-ki)는 바야 씨족의 남자, 바약신(baja-kshin)은 바야 씨족의 여자라는 의미이므로 접미사 -ki없이 사용되던 시기 키마 씨족의 일부가 사얀에서 앙가라 강 지류로 이주하여 선(先) 에벤키족에 편입되었고 그곳에 남아있던 씨족구성원들은 이후 튀르크계 키마키 씨족이 된 뒤 더 서쪽으로 이동했다.

넷째, 사얀 산맥의 선(先)에벤키족의 삶에 대해서는 우르미 강~암군 강 에벤키족의 설화를 통해 알 수 있다. 이들 설화의 주인공은 '사람'이라는 의미를 가진 마타, 베예, 우란카이라는 도보 사냥꾼이다. 이들은 만주계의 실위, 몽골계의 키오트, 오하 그리고 거란과 인접해서 생활했다. 설화에 의하면 위 지역에 거주하던 선(先) 에벤키족은 동쪽으로 이주했으며 일부는 이주 지역에 그대로 정착했다.

다섯째, 예니세이는 에벤키어로 '수원, 산'이라는 의미의 이엔데기(iɛndɛgi)는 일부 에벤키 방언에 '강'이라는 의미로 보존되고 있는 이에네(iɛnɛ)라는 단어에서 기원한다.

여섯째, 심 강 에벤키족과 극동 추미칸~아얀 강~우르미 강 에벤키족은 알타이 문화에 특징적이지만 에벤키 문화에는 특징적이지 않은 일련의 요소들을 보존하고 있다. 이를 통해 심 강과 동쪽 에벤키족의 일부가 고대 사얀-알타이 고원지대 종족과 인접해서 거주하면서 교류했고 산에서 내려온 일부는 앙가라 강 지류로 진출한 뒤 예니세이 강을 따라 북쪽으로 혹은 사얀 산맥 지맥에서 동쪽으로 이주했다는 추정을 가능하게 해준다. 이럴 경우 이케닙케 축제 때 샤먼에 의해 재현되는, 기원지를 찾아 강의 수원을 향해 위쪽으로 이동하는 행위의 모방이 이해 가능해진다.

이케닙케 축제의 현대적 변형

현재 이케닙케 축제는 에벤키족 거주지를 중심으로 이르쿠츠크 주 에벤키족 민족문화자치구, 사하 공화국, 부랴트 공화국 등에서 개최된다. 긴 세월 속에서도 이케닙케 축제의 목적은 면면히 보존되고 있지만 현대 들어 축제의 내용이나 형식은 상당부분 변형을 겪었다. 게다가 현대와 같은 삶의 조건에서 이케닙케는 더 이상 다른 씨족의 남녀가 만나 가정을 꾸릴 수 있는 유일한 기회도 아니며 젊은이들은 전통의상보다는 청바지나 다른 편한 복장으로 축제에 참가하기를 원한다.

축제는 사진18[23]과 같은 '울가니'라는 불 정화 의식에서 시작된다. 에벤키족은 '올가니'에 참가하려면 마음을 성실하게 나듬어야 하고 불은 악령의 침입을 막아주고 철쭉을 태울 때 나오는 연기는 마음을 정화시켜준다고 믿는다.

사진 18. 2016년 이엔그라 에벤키족 민족문화자치구에서 개최된 이케닙케 축제 중 불 정화의식 울가니.

정화의식이 끝나면 사진19[24]처럼 축제참가자들은 삶을 상징하는 형형색색의 띠를 나무에 묶으면서 소원을 빈다. 에벤키족은 나무의 띠가 나무의 운명과 자신의 운명을 연결시켜주기 때문에 자신의 삶을 우주의 신인 에니칸 부가에게 맡길 수 있다고 믿는다.

사진 19. 2017년 이르쿠츠크 수카체프 영지에서 개최된 이케닙케 축제에서 나무에 천 조각을 달면서 삶의 안녕과 평안을 기원하는 모습.

그리고 이후 지역에 따라 차이가 있지만 강 인근의 지역에서는 사진20[25]처럼 강 헌제 의식을 행한다.

사진 20. 2016년 이엔그라 에벤키족 민족문화자치구에서 개최된 이케닙케 축제의 이엔그라 강 헌제 의식.

현대 들어 이케닙케 축제는 여타 축제들과 마찬가지로 경연대회가 주요 프로그램으로 자리 잡았는데 대체로 전통노래 경연대회(사진21[26]), 전통 요리경연대회(사진22[27]), 사생대회(사진23[28]), 전통춤 경연대회(사진24[29]), 힘겨루기 대회 등의 순서로 이어진다.

사진 21. 2017년 이르쿠츠크 수카체프 영지에서 개최된 이케닙케 축제의 전통 노래 경연대회.

사진 22. 2017년 이르쿠츠크 수카체프 영지에서 개최된 이케닙케 축제 중 전통 요리 경연대회.

사진 23. 2017년 이르쿠츠크 수카체프 영지에서 개최된 이케닙케 축제 중 그림 그리기 대회

사진 24. 2017년 이르쿠츠크 수카체프 영지에서 개최된 이케닙케 축제 중 전통 춤 경연대회.

* * *

이상으로 1년 12달 삶의 순환을 통해 에벤키족의 삶의 모습과 이케닙케 축제의 기원, 의미 및 현대적 변형에 대해 살펴보았다.

17세기 이후 러시아의 제국주의적 팽창정책으로 인한 수탈과 1917년 소비에트 혁명을 거치면서 자연친화적, 생태적이었던 에벤키족의 삶은 점점 피폐화되어 갔고 언어와 문화마저 잃어버리면서 서서히 정체성을 상실해갔다. 에벤키족을 비롯한 북아시아 소수민족의 정체성 상실, 전통문화의 절멸은 이들 소수민족만의 문제가 아니라 인류사의 큰 손실이자 아픔으로 기록될 것이다. 이제는 소수문화 보호 차원에서 이들의 문화 복원과 유지에 조금이나마 관심을 기울여야 할 것이다.

---

1) Эвенки, https://www.ru.wikipedia.org/wiki/%D0%AD%D0%B2%D0%B5%D0% BD%D0%BA%D0%B8, 검색일: 2017.04.01.

2) 에벤키족의 사계절은 Иванищенко В. Ф. 2008, Живой календарь эвенков Амурской области, сс. 222-246을 참고했음을 밝혀둔다.

3) http://www.oldiltumen.ya1.ru; http://www.tent-palatka.ru

4) 에벤키어에 연어의 명칭은 특징에 따라 니레찬, 다잘린다, 잘린다, 잘린그다, 타이멘 등 아주 세분화되어 있다.

5) 1990년대 이후 일부 지역에서는 '바칼딘' 축제로 명칭이 바뀌었다.

6) 하지만 현대 들어 대다수 지역에서 6월에 개최한다.

7) 에벤키족 샤먼의 의식 속에서 엥데키트 강은 천상세계와 지하세계가 합쳐지는 곳이다. 천상세계는 엥데키트 강 동쪽, 샤먼 하늘인 일곱 개의 강 위쪽에 있다. '영원한 암흑'이라는 의미에서 엘람라크라고 불리는 지하세계는 북쪽에 있는데 이곳으로 엥데키트 강이 흘러간다. 에벤키족의 의식 속에서 엥데키트 강에는 죽은 자들의 세계가 있고 이곳으로 샤먼의 보조령들이 죽은 자들의 영혼인'오미'를 데리고 온다. 참고: Василевич Г. М., 1957, Древние охотничьи и оленеводческие обряды эвенков, Сборник Музея Антропологии и Этнографии, Т.17, с. 151.

8) Василевич, там же, с. 152.

9) Сафьянникова, Т. М., Орнаменты и украшения эвенков, Красноярск: Изд-во Сибирские промыслы, 2007, с. 96; http://www.climbing.ru/forum_std/all/section_0_4_2_2/topic_887_1_2200/; http://www.project89646.tilda.ws/evenky

10) https://www.infourok.ru/prezentaciya-na-temu-evenki-korennie-zhiteli-buryatii-994801.html; http://www.geophoto.ru/?action=show&id=433558&view=medium; http://www.irkipedia.ru/content/evenki_arhitektura_i_izobrazitelnoe_iskusstvo

11) https://www.infourok.ru/prezentaciya-po-teme-evenki-742558.html

12) Василевич, там же, сс. 153-154.

13) Василевич, там жс, с. 154.

14) http://www.krsk.aif.ru/society/koleso_vremeni_kak_delili_god_drevnie_evenki

15) 춤 안의 신성한 곳으로 입구 맞은 편, 모닥불 뒤편이다.

16) Василевич, там же, с. 154.

17) 에벤키족이 신성시 하는 물고기로 대구과에 속한다.

18) Василевич, там же, с. 156.

19) http://www.channelingstudio.ru/shaman_buben.shtml

20) Василевич, там же, с. 160.

21) Прокофьев Г. Н., Церемония оживления шаманского бубена у остяко-самоедов, Известия ЛГУ, Т.2, 1930; Потапо Л. П., Обряд оживления шаманского бубена у тюркоязычных народов Алтая, Труды Инст. этнограф., Т. 1, 1947.

22) http://www.neruadmin.ru/news/nerungri/detail.php?ID=10717&phrase_id=160337

23) http://www.etno.pribaikal.ru/novogodnij-prazdnik-v-letnem-sadu

24) http://www.neruadmin.ru/news/nerungri/detail.php?ID=10717&phrase_id=160337

25) http://www.etno.pribaikal.ru/novogodnij-prazdnik-v-letnem-sadu

26) http://www.etno.pribaikal.ru/novogodnij-prazdnik-v-letnem-sadu

27) http://www.etno.pribaikal.ru/novogodnij-prazdnik-v-letnem-sadu

28) http://www.etno.pribaikal.ru/novogodnij-prazdnik-v-letnem-sadu

참고문헌

1. 문헌자료

Бартольд В. В., Отчет о поездке в Среднюю Азию, Запски Академии Наук, сер. 12, Т.1, №4, 1912.

_______________, История турецко-монгольских народностей, Ташкент, 1928.

Василевич Г. М., 1957, Древние охотничьи и оленеводческие обряды эвенков, Сборник Музея Антропологии и Этнографии, Т.17, сс. 151-185.

Иванищенко В. Ф. 2008, Живой календарь эвенков Амурской области, сс. 222-246

Петров В., Опыт стадиального анализа охотничьих игрищ, Сов. этнография. 1934, №6, сс. 140-177.

Потапо Л. П., Обряд оживления шаманского бубена у тюркоязычных народов Алтая, Труды Инст. этнограф., Т. 1, 1947.

Прокофьев Г. Н., Церемония оживления шаманского бубена у остяко-самоедов, Известия ЛГУ, Т.2, 1930.

Сафьянникова, Т. М., Орнаменты и украшения эвенков, Красноярск: Изд-во Сибирские промыслы, 2007.

2. 웹 사이트 자료

http://www.channelingstudio.ru/shaman_buben.shtml

http://www.climbing.ru/forum_std/all/section_0_4_2_2/topic_887_1_2200/

http://www,etno.pribaikal.ru/novogodnij-prazdnik-v-letnem-sadu

http://www.geophoto.ru/?action=show&id=433558&view=medium

https://www.infourok.ru/prezentaciya-na-temu-evenki-korennie-zhiteli-buryatii-994801.html

http://www.irkipedia.ru/content/evenki_arhitektura_i_izobrazitelnoe_iskusstvo

http://www.mymood.ru/posts/946-evenki-rossii.html

http://www.neruadmin.ru/news/nerungri/detail.php?ID=10717&phrase_id=160337

http://www.old.sakha.gov.ru/sakha/node/249042

http://www.oldiltumen.ya1.ru

http://www.project89646.tilda.ws/evenky

http://www.tent-palatka.ru

Эвенки, https://ru.wikipedia.org/wiki/%D0%AD%D0%B2%D0%B5%D0%BD%D0%BA%D0%B8.

투바족 새해맞이 축제 – 샤가아(Шагаа)

김태옥(충북대학교 러시아·알타이 지역연구소 전임연구원)

멀고도 험한 투바 가는 길

투바공화국(Tuva Republic 혹은 Tyva Republic, 이하 투바)은 러시아에 있는 스물 두개 공화국 중 하나다. 좌우로 각각 알타이공화국과 부랴트공화국의 영토와 경계 짓고 있으며 아래로는 몽골과 국경을 맞대고 있다. 투바의 영토는 한반도 면적의 4분의 3에 달하지만, 2017년 자료에 따르면 그 넓은 면적에 비해 인구는 고작 31만 8천여 명 정도에 불과하다.

서쪽의 알타이 산맥에서 몽골과의 국경을 따라 동쪽의 바이칼 호수 방향으로 길게 뻗은 해발 3,000여 미터가 넘는 시베리아 최대의 고산지대인 사얀(소연) 산맥이 투바를 외부 세계로부터 단단히 가로막고 있어 20세기 초반까지만 해도 투바는 외부 세계와 철저히 차단

되어 있었다. 투바를 다녀온 국내 한 여행자는 자신의 수기를 엮은 책의 제목을『어디에도 없는 그 곳 노웨어』라고 표현하였으며, 국내 한 일간지는 '세계의 컬트여행지' 코너에서 투바공화국을 첫 번째로 선정하였고, 론리플래닛도 투바를 컬트여행지로 소개하였다. 그린피스는 투바족을 자신들의 문화적 전통을 순수하게 유지하며 살아가고 있는 21세기의 대단히 드문 민족이라고 설명하고 있다. 미국의 노벨물리학상 수장자인 리차드 파인만(1918-1988)은 정치적인 이유가 물론 컸지만 생전 자신이 그토록 원했던 21세기의 오지인 투바에 결국 닿지 못하고 생을 마감하였다.

이처럼 투바 가는 길은 생각만큼 간단치 않다. 블라디보스토크에서 모스크바까지 길게 이어지는 시베리아횡단철도도 러시아 중남부에 위치한 투바를 지나지는 않는다. 러시아 내에서 투바를 가기 위해서는 노보시비르스크나 크라스노야르스크, 혹은 하카시아공화국의 수도 아바칸에서 투바의 수도 키질(Kyzyl)까지 항공기를 이용하는 방법이 가장 간단한 데 이때는 15인승 프로펠러 비행기 투르볼료트를 이용해야 한다. 또 다른 방법은 크라스노야르스크에서 투바의 수도 키질을 지나 몽골로 이어지는 유일한 도로 'M54 예니세이(Yenisei)'를 따라 아바칸에서 승용차나 버스를 이용하여 각각 4시간, 10시간에 걸쳐 키질까지 이동하는 방법이 있다. 대부분의 투바족 주민과 외부 손님이 가장 일반적으로 이용하는 이 방법은 생각보다 그렇게 녹녹치 않다. 아바칸-키즐을 잇는 390km에 달하는 M54번 도로를 버스로 이동할 경우에는 낡은 좌석에 고스란히 자신의 허리를 내놓아야 하는 아픔이 뒤따른다. 그래서 투바를 갈 때는 10여명 남짓한 사람만을 태우고 출발하는 마르슈르트카 택시를 이용하는 것을 추천한다. 투바에서 다시 바깥 문명 세계로 나올 때에는 저녁시간에 출발하여 다음날 해 뜰 녘에 아바칸에 도착하는 야간 버스를 이용하는 것도 좋다. 한밤중 사얀산맥 아래로 비오듯 쏟아질 듯 한 무수한 별들을 본다면 허리에 감도는 뻐근함은 여행의 추억으로 기꺼이 남을 것이다.

투바에 가까이

스텝과 산악 지역의 벼랑 끝을 마르슈르트카 택시로 달린지 네 시간여, 저 멀리 키질 시내가 내려다보인다. 투바족을 만나기에 앞서 투바로의 입성을 환영하는 두 기념물이 도로 좌우에서 손님을 맞이한다. 먼저 좌측에는 새끼에게 젖을 먹이고 있는 어미 사슴의 조각상이 서 있다. '엘릭'(사슴)이라는 명칭의 이 기념비는 이곳을 지나가는 사람들과 저 아래 내려다보이는 키질 주민들에게 부와 행복, 건강을 가져다주는 상징물이다. 하지만, 인접 공화국들의 일부 사람들은 이 조각상을 보며 '힘없고 가난한 조그마한 투바가 큰 러시아에 바짝 달라붙어 젖을 빨고 있다'라는 조롱 섞인 표현을 하면서 이곳을 지나가기도 한다.

새끼에게 젖을 빨리는 어미 사슴

양치는 목자

도로 오른편에는 1997년 투바 조각가 온다르(Т.Ч. Ондар)의 '양치는 목자' 혹은 '사냥꾼'이라는 작품이 서 있다. 원추형의 언덕 위에 서 있는 이 목자는 투바 전통 의상(기다란 웃옷, 창이 높고 끝이 날카로운 모자)을 입고 허리춤에는 칼과 부싯돌을 차고 있다. 끝없이 광활하게 펼쳐진 스텝을 바라다보는 목동의 모습은 투바족이 추구하는 전통적인 삶의 모습을 상징한다. 재미있는 것은 이 조각상이 새워진 후에, 주변에 가축 무리가 표현되어 있지 않다며, 조각가가 큰 실수를 저질렀다고 사람들이 술렁거렸다는 사실이다. 이를 들은 조각가는 얼마 후 수백 개의 돌을 가져다가 목자 주변에 흰색 돌무더기를 만들어 이것이 양떼 무리임을 표현하게 되었다.

투바족을 만나다

사얀 산맥을 넘어오기 전에는 흰 피부에 금발을 한 큰 키의 슬라브인들, 우리에게 익숙한 소위 러시아인들이 살고 있는 세계가 있었다면, 투바엔 이와는 전혀 다른 이국적인 지형에 살고 있는 투바족만의 세계가 있다. 친숙하면서도 낯선 이방인들에게 그들은 너무나 쉽게 마음을 열어준다.

투바족 아이들

말을 탄 투바족

지리적으로 투바가 러시아 내에서 의미가 있는 것은 이곳이 러시아의 영토를 이등분하는 예니세이 강(에벤키어로 '큰 물줄기', 튀르크어로 '어머니 강(江)'을 의미)의 발원지이기 때문이다. 작은 예니세이 강과 큰 예니세이 강이 합류하는 키질에는 투바가 아시아의 중심임을 알리는 탑이 2014년 투바의 러시아 편입 100주년을 기념하여 새롭게 단장되어 우뚝 서 있다(최초의 기념비는 1964년 설치되었다).

새롭게 단장된 '아시아의 중심 탑(Центр Азии)'. 기념비 뒤로 예니세이 강이 흐르며 그 너머로는 투바족이 신성시 여기는 '도게에'산이 보인다.

투바족의 이름과 성

투바족의 이름과 성씨 또한 특이하다. 투바족은 그들에게 가장 일반적인 몬구쉬(Монгуш)와 오오르쟉(Ооржак)과 같은 성을 비롯하여 온다르(Ондар) 소얀(Соян), 초오두(Чооду), 키르기스(Кыргыс), 이르기트(Иргит), 쿠울라르(Куулар) 등의 성씨를 갖고 있다. 투바족의 성씨는 주로 지리적 위치에 따라 결정되는 경우가 많다. 예를 들어, 투바의 서부지역에는 예니세이의 지류인 알라쉬(Алаш)와 헴칙강(Хемчик)이 흐르고 있는데, 이 지역에는 헴치케르(хемчиктер)라는 성을 가진, 즉 '헴칙강 인근에 사는 사람들'이라는 부족이 거주한다.

하지만 투바족이 성씨를 갖게 된 것은 불과 70여년 정도 밖에 되지 않았다. 전통적으로 투바족은 성을 갖고 있지 않았으며, 부족과 씨족, 그리고 아버지의 이름에 따라 개인을 구분하였다. 1944년 투바인민공화국이 소비에트로 귀속되고 러시아 관리들이 개별 여권을 작성하는 과정에 이 지역 토착민인 투바족을 상대로 '당신의 성은 무엇입니까'라고 물었을 때, 러시아어를 몰랐던 수많은 투바족은 그 의미를 듣고서도 이 질문에 어떻게 대답해야 할지 몰랐다. 그래서 해당 질문에 아버지나 할아버지의 이름으로 답하는 경우가 많았다고 한다. 그 이전에 투바족은 인물의 외모와 종사하는 일에 따라 이름을 짓기도 하였다. 예를 들어, 그 사람이 녹색이나 파란 눈, 밝은 금발을 갖고 있다면 '오루스-오올('러시아 소년'이라는 뜻)'이라는 이름을 지어 주었다. 소년의 얼굴색이 검을 경우에는 '카라-오올'('검은 소년'이라는 뜻), 소나 염소젖 짜는 일을 하는 소년에게는 '사아르-오올(Саар-оол)'이라는 이름을 붙여 주었다.

새해맞이 축제 샤가아의 부활

투바족이 소비에트를 포함한 러시아 정부의 직접적인 영향을 받은 것은 100년이 조금 넘는 길지 않은 시간이었다. 투바족은 약 8세기가량 몽골과 중국 청나라의 지배를 받아오던 중 1912년 청조가 붕괴되자 1914년 러시아령에 편입되었다. 1918~1921년 사이 러시아 차르군대와 격돌한 소비에트 적군의 승리로 '탄누-투바 인민공화국'이 탄생하였고, 1944년 10월에는 러시아 내 자치주로 편입되어 현재의 투바공화국이 되었다.

소비에트 정권이 들어서면서부터 샤가아를 비롯한 대부분의 투바족 전통 축제와, 샤머니즘을 비롯한 종교적 의례들은 과거의 잔재로 간주되어 정부의 통제를 받다가 1930년대 말부터는 완전히 금지되고 말았다. 그러한 통제에도 불구하고 투바족은 소비에트 정부의 감시를 피해 완벽한 형태는 아닐지라도 축소된 형태로 새해맞이 축제 '샤가아'를 진행하였다. 투바 서부의 일부 지역에서는 종교적 의례가 제거된 상태에서 놀이와 유희의 형태로 샤가아를 세대에서 세대로 전했다. 소비에트 정부가 변혁의 시기를 걷던 1987년, 샤가아를 공식적인 민속 행사로 인정해달라는 투바족 청원이 받아들여져 샤가아가 다시 부활하게 되었고, 1991년 2월 8일부로 기존의 '소비에트 사회주의 연방공화국 투바자치구'가 '투바공화국'으로 새롭게 탄생하면서 샤가아는 투바 전통 축제로 공식 승인을 받게 되었다. 1987년 부활한 샤가아 축제에서는 투바국립인문학연구소(ТИГИ) 소속 젊은 학자들이 모여 학술행사를 통해 70여 년 동안 단절된 샤가아의 의미를 새롭게 다지는 계기를 갖기도 했다.

소비에트 정부로부터 전통 축제를 폐지하라는 명령을 받았음에도 투바족이 정부의 눈을 피해 위험을 무릅쓰고 샤가아의 일부라도 이어가고자 했던 것은 축제가 투바족의 과거와 현재, 그리고 미래를 연결하는 중심 매개체였기 때문이다. 축제가 삶을 즐기고 교류하며 다음 세대로 문화를 전수하는 수단이라고 할 때, 한 사회의 결속과 공동체 질서 유지에 꼭 필요한 축제에 대한 연구는 한 민족의 기원과 운명, 정체성을 이해하는데 중요한 의미를 지닌다. 종교나 문화에 있어서 신성한(특별한) 시간에 대한 기념, 계절적 순화, 변화, 출산, 성년식, 결혼과 같은 통과의례에 그 본질을 두고 있는 축제는 사회와 공동체, 종교를 유지하기 위해 사람들에게 정보를 전달하고 응집력을 부여하는 중요한 장치로서의 역할을 한다.

투바 전 대통령 셰리크-오올 오오르쟉(Ш.Г. Ооржак)은 "투바족의 전통 축제 샤가아는 수 세기에 걸친 역사적 뿌리를 간직하고 있으며, 수세기 동안 쌓여온 민족 문화의 가장 명확한 요소들을 포함하고 있다. 샤가아는 투바족 고대 풍속과 전통의 중심이다."라고 언급했다. 2014년 모스크바인문대학이 투바공화국 정부의 지원을 받아 투바를 떠나 러시아 내 다른 지역, 폴란드, 터키, 미국, 캐나다 등의 외국에 거주하는 투바족을 대상으로 한 설문조사 문항 중에 '투바를 상징하는 요소는 무엇인가'라는 질문이 있었다. 이들의 답변에는 부모와 고향, 투바어, 목구멍 창법 호오메이, 투바 음악과 함께 투바 축제가 포함되어 있었는데, 응답자의 85퍼센트가 축제 중에서도 '샤가아 만큼은 투바를 떠나서도 항상 지키고 있다'고 말했다. 여러 축제 중에서도 새해맞이 축제에 주목하는 것은 투바족을 포함한 세계 여러 나라의 민족들에게 새해맞이 축제가 가장 주요하고, 성대한 축제이자 전통문화적 요소를 가장 많이 보유한 민속 축제 중의 하나이기 때문이다. 샤가아가 자유롭게 즐길 수 있는 축제가 된 지 30년이 되는 이 시점에서, 스스로를 아시아의 중심에 살고 있다고 믿는 투바족의 물질·정신문화의 종합적 산물인 샤가아 축제를 국내에 소개하는 것은 투바족의 세계관과 정체성을 살펴볼 수 있는 의미 있는 일이 될 것이다.

샤가아 축제의 구성요소와 문화 상징성

투바족의 정신문화를 연구한 쿠주게트(A.K. Кужугет)는 몽골, 티베트의 새해 축제가 투바족의 여러 다양한 축제들과 어울려 만들어진 것이 샤가아라고 하면서, 샤가아가 역사적으로 특별한 변화를 경험한 시기를 다섯 단계로 나누어 구분하고 있다.

1. 몽골, 중국으로부터 새해맞이 양식 수용: 1237년~18세기 초
2. 티베트 불교문화 침투(불교적 속성, 용어, 의식의 유입): 18세기 초~1923년
3. 탄누-투바인민공화국 공식 축제 선정: 1924년
4. 소비에트 박해시기: 1930년대 말~1980년대
5. 전통 축제로의 부활, 투바공화국 공식 축제로 재선정: 1990년대 초~현재

언급한 다섯 단계의 수용과 역사적 변이 과정을 거치면서 샤가아는 현재와 같은 투바족 전통 새해맞이 축제로 자리 잡았다. 투바공화국 민속학자 콘구 아르자나(Конгу Аржана)는 샤가아 축제의 주요 구성요소를 1) 정화 의식 2) 가능한 한 늦게 잠자리 들기 3) 불교 사원에 등을 밝히고, 제단에 상을 차리는 것 4) 산 살리르(Сан салыр) 5)

촐룩슈우르(чолукшуур) 6) 손님맞이 및 이웃 방문 7) 놀이 즐기기 총 7단계로 구분하고 있다. 이 글에서는 샤가아의 역사적 변이 과정보다는 샤가아에 나타난 다양한 문화소와 구성요소들을 중심으로 이들이 갖는 문화적 상징성을 살펴보고자 한다.

봄(春)의 도래와 태양의 의미

샤그닌 차아지에서 기원한 샤가아는 '새로운 시간의 도래'를 뜻함과 동시에 몽골인의 새해맞이 축제 차강사르의 '흰 달(月)'과도 같은 의미를 지닌다. 투바족에게 흰 색은 정결과 순수, 풍요와 행복, 그리고 진선미(眞善美)를 상징하기 때문에 새해맞이 축제 샤가아라는 명칭 속에는 새로운 시간이 도래한 달, 순수한 달, 풍요와 행복을 기원하는 가치 있는 달이라는 의미가 담겨져 있다.

샤가아는 태음력을 따르는 투바족의 전통상 1월말에서 2월 중순경에 오는 것이 보통이지만, 어떤 경우에는 3월 초에 명절을 맞이하기도 한다. 이러한 유동적인 샤가아 축제일은 투바공화국 정부가 점성술사인 라마승의 도움을 받아 결정한다. 태음력과 십이지를 따르는 투바족은 쥐, 토끼, 말, 양 돼지의 해를 행복한 해로, 소, 용, 원숭이, 닭의 해는 불행한 해로 여겼다. 투바족의 열두 달은 표에서 보는 바와 같이 각 계절의 시작, 중간, 마지막 달로 구분되며, 그 달에 특별히 해야 하는 사냥, 수렵, 목축과 관련된 주요 행사나 날씨, 자연 변화에 따라 달을 칭하기도 한다.

1월	겨울의 중간 달 (추운 달, 양이 새끼 낳는 달)
2월	겨울의 마지막 달 (흰 달, 돌멩이가 검어지는 달)
3월	봄의 첫 달 (봄 달 혹은 축축한 눈의 달)
4월	봄의 중간 달 (개를 데리고 다니는 사냥 달)
5월	봄의 마지막 달 (여름의 첫 달)
6월	여름의 첫 달 (얼레지(Erythronium) 수확의 달)
7월	여름의 중간 달
8월	여름의 마지막 달 (나리(Lilium) 수확의 달 혹은 노루 사양의 달)
9월	가을의 첫 달
10월	가을의 중간 달 (다람쥐 사냥의 달 혹은 검은 담비 사냥 달)
11월	가을의 마지막 달 (추운 달)
12월	겨울의 첫 달 (겨울 달)

투바족의 달(月)의 의미(괄호 안은 달을 가리키는 다른 투바어)

샤가아와 십이지를 알리는 포스터

투바족 새해는 음력으로 1월 1일 자정을 기준으로 시작되는 것이 아니라, 1월 1일 아침 동쪽 하늘위로 태양의 첫 빛줄기가 보일 때 시작된다. 태양이 뜨는 곳에서 새로운 삶이 시작된다고 믿었기 때문에 투바족 어머니들은 새해 첫 날 뿐 아니라, 매일 아침 태양의 첫 번째 빛줄기를 맞이하며 태양을 향해 신선한 차(茶)를 바치고 가족의 복을 기원한다. 투바족은 태양의 위치와 밝기를 기준으로 하루를 자정, 자정에서 새벽, 새벽에서 동틀 무렵, 작은 정오(낮), 큰 정오(낮), 저녁 정오(낮), 일몰, 밝은 황혼, 중간 황혼, 어두운 황혼으로 나눈다. 투바족은 태양을 생명의 원천이자 성장의 원동력, 초자연적인 능력을 지닌 신성한 존재, 인간의 어머니로 인식하며, 하늘과 달을 인간의 아버지로 여긴다. 태양이 대지에 생물이 존재하고 성장할 수 있는 생명력을 제공하는 것이 어머니의 속성을 닮았기 때문에 투바족은 태양을 어머니라고 부른다. '아버지가 저승으로 떠난 후 유르트(yurt)에 남은 자식들과 아내는 그 애통함과 비통함을 견디며 살아갈 수 있지만', '어머니를 저승으로 보내고 유르트에 남은 자식들과 남편은 곧바로 그 부재로 인한 희생자가 된다(=태양이 떠 있을 때에는 꽃이 피고 달빛이 비칠 때는 꽃이 죽는다)'는 말로 어머니-태양이 투바족에게 지니는 의미를 강조한다.

샤가아가 진행되는 시점은 눈이 녹아 눈 아래 감추어졌던 검은 돌멩이의 모습을 볼 수 있는 겨울의 마지막 달, 곧 다가올 봄을 맞이하는 시기와 일치한다. 투바족에게 새해맞이 축제 샤가아는 인간이 계절의 변화를 감지하고, 자연이 만든 질서에 순응하는 과정에서 새롭게 태어나고 다시 시작하는 것을 축하하는 봄맞이 축제의 다른 이름이기도 하다. 바흐친은 시간에 대한 강력하고 첨예하게 분화된 감각이 집단적이고 작업지향적인 농업을 바탕으로 해서만 생길 수 있다고 말하면서 이때 최초로 사회의 일상적 시간을 분해하고 조립하는 것을 핵심으로 하는 시간, 또한 농업적 노동주기와 계절, 하루의 주기, 식물과 목축의 성장과 연결된 축일(祝日)과 의식(儀式)의 시간에 대한 감각이 형성된다고 말했다. 그리고 그 시간이란 것은 집단적 삶 속의 사건들에 의해서만 분화되고 측정되는 집단적인 시간이며, 자라나고 꽃피어 열매 맺고 익어서 소출을 늘리고 후손을 남기는 생산적 성장의 시간이라고 말했다. 샤가아는 자연의 지배를 받는 유목민의 삶, 자연과 인간의 일치와 합일을 강조하는 유목민들의 정신세계와 깊이 연관되어 있다. 투바족에게 있어 샤가아는 지난 한 해의 결산과 새로운 노동의 출발, 그리고 가축의 출산을 기다리는 중요한 시점이다.

샤가아는 지난해의 종결, 어려움과 고난, 해묵은 갈등과 감정과의 이별, 새로운 과업과 새로운 인간관계의 시작을 알리는 축제다. 봄의 도래를 기뻐하고 다산과 풍요를 기원하는 이 축제가 특별한 것은 이 시점에 과거와 미래사이의 단절과 붕괴가 발생하고, 선과 악 사이의 투쟁이 동반되기 때문이다. 새해맞이 축제 샤가아는 자연의 회복력과 재생능력을 보여주고, 인간과 우주 사이의 '시간의 관계'를 확인시켜주면서, 인간 삶의 새로운 단계로의 전환을 알리는 시작이라는 점에서 큰 의의를 갖는다.

축제 전야의 정화와 기원 의식

샤가아가 있기 며칠 전부터 투바족은 남녀노소를 구분않고 집 안팎과 마을 주변의 온갖 쓰레기들과 불결한 것들을 대대적으로 청소한다. 집과 마을에 대한 대대적인 청소와 정리가 완료되어야만 새해를 맞이할 수 있다고 투바족은 믿는다. 쌓인 눈을 치우고, 펠트천으로 만든 양탄자, 먼지가 쌓인 침구류와 신발, 옷 등을 바깥으로 가지고 나와 털거나 눈 위에서 깨끗하게 씻는다. 더 이상 사용이 불가능한 낡은 물건은 버리거나 불에 태운다. 샤머니즘과 불교를 믿는 투바족은 유르트를 비롯한 각 가정에 제단과 부르한 조각상을 갖고 있는데, 새해가 오기 전 이것들을 광이 나도록 닦고 청소를 한다. 청소가 완료된 후에는 제단을 불로 밝혀 둔다. 각 가정에서와 마찬가지로 불교 사원(хурээ)에서도 제단을 정리하고 오래된 물건을 버리고 쓰레기를 태우는 작업을 한다.

새해 전 투바족의 이러한 대대적인 청소와 정리는 위생과 보건의 목적에서 행하는 것이라기보다는 심리적이고 정신적인 차원에서 행하는 제의(祭儀)에 가까운 것이라고 할 수 있다. 이러한 행위는 전 세계 민족들에게서 공통적으로 전해져 내려오는 과거의 불결한 것, 신성스럽지 못하고 사악한 것, 질병, 다툼, 죽음들과의 작별, 추방을 의미한다. 사물과 장소에 대한 청결은 곧 사람들의 사고와 의식, 내적 영혼의 정결로 이어지기 때문에 먼지를 털고 집 안팎의 쓰레기를 치우는 간단한 일을 할 때도 투바족은 결코 가볍지 않게 큰 믿음을 갖고 극도로 신중히 진행한다.

아낙네들은 노간주나무로 연기를 피워 집 안팎과 가축을 소독하고 정화시킨다. 투바족의 거의 모든 의례에 등장하는 노간주나무의 가장 주요한 기능은 정화(淨化)다. 노간주나무는 '정화'의 상징으로서 뿐만 아니라 치료에 효험이 있는 식물로 투바족이 특별히 귀하게 여기는 나무 중 하나이다. 시베리아 다른 소수민족들이 정화를 위해 백산차 줄기를 사용하기도 하지만 투바족에게 백산차 줄기는 정화

보다는 치료에 효험이 있는 약재로 알려져 있다. 노간주나무를 자를 때에도 미리 산과 타이가, 나무에 살고 있는 영혼들에게 '노간주나무 가지를 잘라 가도 되냐'는 메시지를 전달하고 반드시 허락을 득한 후에야 만 사용할 수 있었다. 잘라온 노간주나무를 태운 직후 바로 불을 끄면 거기서 나오는 연기로 인간과 동물, 유르트와 사물 등에 연기를 쏘인다. 투바족은 노간주나무에서 나오는 연기를 대상 주변으로 원을 그리며 세 번 돌리면 모든 사악한 것들로부터 정화가 된다고 믿었다. 모든 의례가 있기 전, 의례의 집전자는 노간주나무에서 품어져 나오는 향기로운 연기로 공간과 사물을 정화시킴으로써 신령들을 만족시키고, 의례 참여자들을 의식에 몰두시키는 역할도 한다. 투바족에게 노간주나무는 정화의 의미를 갖는 동시에 주변의 사악한 영들로부터 인명과 재산, 가축을 보호하고, 앞으로 닥칠 불길한 기운을 미연에 방지하는 역할을 한다. 투바족 동화에서 길을 떠나는 주인공에게 '낯선 풀이 있는 곳에서 자지 말고, 주변에 노간주나무 풀이 있는 샘 근처에서 잠을 자라'라고 작별 인사를 건네는 배경에도 노간주나무가 갖고 있는 그러한 기능을 확인할 수 있다.

정화에 사용되는 노간주나무 가지

이 의식들이 모두 마무리가 되고나서야 투바족 여성들은 음식 준비에 들어갈 수 있는데 본격적인 축제 음식을 만들기에 앞서 반드시 우유 차를 끓여 자연에 복을 구하는 의식을 해야 했다. 여자들은 이제 막 끓인 우유 차를 담은 작은 나무통과 차를 뿌리기 위해 의례용으로 특별히 만든 아홉 개 구멍을 한 나무 숟가락을 들고 나와 아홉 개의 하늘과 아홉 개의 빛의 방향을 향해 차를 뿌리고, 이어 해가 자전하는 방향을 따라 유르트를 돌면서 그 주변에 차를 뿌린다. 북아시아 여러 곳의 제의적 주술에서 하늘은 복수로 자주 등장하며, 이들 중 상당수가 텡그리가 9층의 하늘을 가지고 있다고 생각한다. 아홉 개의 구멍 난 숟가락은 투바족이 하늘에 복을 빌고 악귀를 쫓을 때 사용하는 물건이었고, 거기에 담아 뿌리는 차의 흰색도 사악한 악령들로부터 방어하고, 산 자를 죽은 자로부터 보호하고, 질병을 치유하는 역할을 하기 때문에 여기에 사용되는 문화소들이 축제 전의 정화 단계와 관계하고 있다고 말할 수 있다.

청소를 하고 유르트를 돌면서 우유차를 뿌리는 동안 투바족 여인들은 아래와 같은 구절들을 흥얼거린다.

부르한이시여, 모든 사악한 것들이 정화되게 해주소서!
보잘 것 없는 이 살아있는 존재에게서 사악한 모든 것들이 빠져나가게 해주소서!

나의 아홉 개 하늘이시여, 북두칠성이시여, 당신들께 기원 드립니다.
병들지 않게 해주소서!
나의 풍요로운 타이가시여,

가난의 폭풍우가 몰아치지 않게 하소서!
나의 금빛 태양, 나의 밝은 달이시여,
보리와 수수 풍작이 들게 해주시고,
아이들이 건강하게 자라도록 해주소서!

나와 가족의 안녕과 그 해의 풍작뿐만 아니라 가축의 건강, 가까운 친지들의 복을 기원하는 말을 하늘과 태양, 달과 타이가, 북누질성과 모든 자연신들에게 계속해서 읊조린다. 투바족은 누군가를 위해 복을 많이 기원하면 할수록, 그 상대뿐 아니라 복을 기원한 당사자에게도 많은 복이 되돌아온다고 생각 한다. 새해 아침 첫 햇살이 떠오르기 전에 투바족은 사원에 가서 등불을 밝히고 기도를 올리는데, 그들의 기원은 영혼을 정화하는 또 다른 행위라고 볼 수 있다

샤가아를 준비하는 과정에서 발견되는 육체와 영혼, 자연과 인간 공동체 사회를 정화하는 의식은 궁극적으로 인간의 행복, 건강, 풍요를 바라는 기복신앙과 관련되어 있다. 투바족은 이러한 초자연적인 존재들이 마법적인 힘을 갖고 인간사회를 관장하고 봄이 오는 환희의 순간에 인간사회에 다산과 풍요, 건강과 복을 내려준다고 믿는다. 이는 생존과 생산의 공동체적 원리에서 출발한 축제에 민족적, 신앙적 사상이 담겨있음을 의미하는 것이라고 할 수 있겠다.

샤가아를 맞이하여 전통 의상을 차려 입은 투바족

새해의 시작을 알리는 불 '산 살리르'

13세 이상의 투바족은 신령한 동쪽 하늘에 떠오르는 태양을 맞이하는 샤가아의 핵심 의례, '산 살리르'를 놓치지 않기 위해 잠자리에 들지 않는다. 이 배경에는 새해 전날 밤과 새해 아침 사이에 부처가 아름다운 마차를 타고 지상을 지나갈 때, 부처가 자고 있는 사람은 살아있는 사람이 아닌 죽은 사람으로 인정하여 복을 내려주지 않고 그냥 지나쳐 버린다는 믿음이 존재하고 있다.

산 살리르 의식을 위해 산을 오르는 사람들

새벽이 가까이 오면 전통의상을 차려입은 성인 남성들은 9살 이상의 남자 아이들과 함께 갓 끓인 차, 삶은 양고기 가슴살, 다양한 음식들을 손에 들고 '산 살리르' 의식이 치러지는 산(山)을 향해 올라간다. '산 살리르' 제의 장소로는 공동체가 모두 아는 장소, 중요한 서약(선서)을 위한 독특한 장소, 중간 세계에 살고 있는 인간들을 내려다볼 수 있는 신령들이 살기에 적합한 장소여야 하는데, 투바족의 비밀스런 고양된 감정을 잉태한 산(山)은 그러한 장소로 가장 적합한 곳이다. 내륙 아시아의 다른 많은 민족들처럼 투바족 여성 또한 그러한 산을 오르거나 산에서 진행되는 '산 살리르' 행사에 참여하는 것은 금기로 되어있는데, 이는 여성들의 생리적 현상(월경)으로 인한 피 냄새가 산에 사는 신령한 영혼-주인들에게 불경(不敬)하다고 여겨졌기 때문이다.

산(Сан)은 티베트어로 '정화, 향'을 의미하고 투바어로는 '노간주나무 향 피우기, 노간주나무 불태우기, 노간주나무로 붙이는 성스러운 불'이라는 의미를 갖는다. 투바족의 전통 신앙은 샤머니즘이라고 할 수 있지만, 17-18세기 경 티베트 불교가 들어오게 되면서 투바족에게는 샤머니즘과 불교가 혼합된 종교적 가치관이 공존하고 있다. '산 살리르'라는 용어에서도 두 가지 신앙이 혼합된 양상으로 존재하고 있음을 알 수 있다. '산 살리르'는 떠오르는 태양, 샤가아를 맞이하기 위해 소위 '산(Сан)을 위한 접시'라고 부르는 평평한 돌 반석 위에 마련한 제의용 모닥불을 가리킨다. 아울러 '산 살리르'는 성스러운 요소들이 결합된 특정 장소에서 노간주나무 줄기를 태워 향을 피우고, '불을 대접'하는 과정에 수반되는 성스러운 행위 전체를 가리키기도 한다. '성스러운 불'을 지피기 위한 장소는 깨끗한 첫눈이 쌓인 장소로 사전에 반드시 정결하게 청소가 되어 있어야 했으며, 제의에 사용하는 장작 또한 치수가 일정하고, 깨끗한 것이어야 했다. 그 상태에서 눈(雪)을 다져 크지 않은 평평한 제단 형태를 만들고 그 위에 평평한 큰 돌 세 개를 올려놓는다. 다음에 태양이 떠오르는 성스러운 동쪽 방향을 향해 돌 위에 장작을 쌓고 장작 위에는 노간주나무 줄기와 가지고 온 음식 중에 가장 좋은 것들을 함께 올린다.

'산 살리르'

'산 살리르'는 그 지역의 최고 연장자나 가장 존경받는 사람 혹은 의식의 전 과정을 세밀하게 알고 있는 사람이 주관한다. 하지만 현대에 들어서는 샤먼 단체, 사원의 고승(高僧), 요직에 있는 정부 관료 등 샤가아를 위해 그 해의 적임자로 선정된 인물이 의식을 주관하기도 한다. 모닥불이 준비되는 동안 제단 옆에서는 마르지 않은 여린 활엽수로 된 두 개의 장대를 거리를 두고 고정시키는 작업을 한다. 활엽수는 투바족 민담과 문학 작품 속에서 주로 주인공의 친구 역할을 하면서 민중의 기억을 보존·보호하는 기능을 한다. 사냥한 짐승을 먹을 때 투바족은 사냥한 짐승의 영혼을 기리는 의미로 말 꼬리털이나 단추, 댕기들을 활엽수에 걸어놓는다. 활엽수는 투바에서 '샤먼의 나무'로 매우 특별한 대우를 받고 있으며, 세상에서 가장 아름답고 신성한 나무, 사람들에게 복을 주는 나무로 간주된다. 고정된 두 장대 사이에는 '산 살리르'에 참여한 각자의 염원을 담은 흰 종이나 흰 천 조각 찰라마를 지상에서 30-40센티미터 높이에 흰 동물 털로 연결하여 걸어둔다. 본인과 지인들의 복을 비는 무언의 제례이기도 한 찰라마는 지금도 곁에 있을지 모르는 재앙과 불행의 씨앗을 없애고 그 장소를 정결히 함으로써, 뒤이어 본격적으로 이어질 '산 살리르'에 힘을 실어주는 역할도 한다.

숄반 카라-오올(Шолбан Кара-оол) 투바 대통령이 찰라마를 연결하는 모습

태양의 첫 빛줄기가 떠오르는 순간 의식을 집전하는 이가 제단에 불을 지핀다. 다른 민족들에게서처럼 투바족에게 있어 불은 파괴와 생명력을 동시에 지니며, 축제 참가자들을 물리적 인지 능력 너머에

존재하는 자연신과 천신들의 세계로 이어주는 매개자 역할을 한다. 투바 수도의 명칭 '키질'도 '붉은 색'과 '불(火)'을 의미한다. 투바족은 불을 태양의 동생으로 여겨 불이 악령을 몰아내는 성스러운 힘을 지니고 있으며 내면을 정화시키는 역할을 한다고 믿는다.

'산 살리르'를 행함에 있어 가장 주요한 요소 중 하나는 불을 위한 희생제의다. 의식의 집전자는 최상 부위의 양고기와 소금에 절인 돼지고기 살로(сало), 껍질을 깨끗하게 벗긴 곡식 알갱이, 버터 우유 차 등, '흰색 음식'을 불 속에 던지며 즉흥적으로 지어낸 복을 기원하는 내용의 주문을 외운다. 샤가아를 비롯한 투바족 축제에서 반드시 사용되는 '흰 음식'은 앞서 언급한 바와 같이 정화와 인간관계의 순결무구를 의미함과 동시에 악한 힘을 물리치고, 중요한 일을 성사시키는 신비의 색깔로 여겨진다. 우리나라에서도 설날에 흰 떡을 끓이는 풍습은 흰색의 음식으로 새해를 시작함으로써 천지만물의 신생을 의미하는 종교적인 뜻이 담겨져 있다고 한다. 가축의 고기와 지난 해에 얻은 가장 귀한 소출로 마련한 흰 색 음식을 불 속에 던져 넣는 것은 영혼-주인들에 대한 지난 해의 감사와 다가올 해의 무탈과 풍요를 기원하는 마음이 담긴 의례라고 할 수 있다. 시베리아에 거주하는 다른 민족들에게서처럼 투바족에게서도 인간과 신들, 그리고 영들 간의 중개자인 불을 대접하는 것이 곧 하늘과 대지, 산과 강의 영혼-주인들에게 감사하고 그들을 대접하는 것이 된다. 투바족이 자연의 영혼들을 가리켜 '주인'이라는 표현하는 것은 인간과 자연 사이의 내부적이며 감추어진 힘의 역학 관계에 대한 선언을 통해 인간으로 하여금 영혼들과 인간 사이의 관계를 의도적으로 드러내기 위한 것이라고 할 수 있다.

산 정상에서 '산 살리르'가 진행되는 동안 불교 사원에서는 사원의 최고 지도자가 밤새도록 기도를 하고, 수도 키질 시내 작은 예니세이 강변에서는 샤먼 무리가 '산 살리르' 의식을 집전하며 북을 치고 주문을 외운다. 샤먼의 어원인 '함'은 신령스런 영들과 교제함으로써 자연현상의 변화를 감지하고, 사람과 동물을 치유하는 특별한 능력을 지닌 남녀를 가리킨다. 전통적인 공동체 사회에서는 뛰어난 몇몇 개인이 여러 의식들을 직접 집전하기도 하였지만, 샤먼은 그들 사이에서도 질병의 원인 발견과 치료, 분실물의 발견, 일의 성공, 인간의 불행 치료, 미래에 대한 예언, 장례식에서 죽은 이의 영혼을 저승으로 안내하는 특별하고 탁월한 능력을 지닌 인물로 간주되었다. 1930년대 소비에트 정부의 반(反)종교 선동과 샤먼은 인민의 적이며, 병을 고치는 것이 아니라 병을 더 악화시킨다는 '반 샤머니즘' 운동이 일면서 투바족 샤먼의 수가 급격히 줄어들기는 하였지만, 투바족에게 샤먼은 여전히 사제장으로서의 지위뿐만 아니라, 마법적인 주문과 원초적인 감각을 통해 사물에 대한 초자연적인 의미를 깨닫고 미래를 예견하는 존재, 그리고 신과 인간의 중재자로 사회 질서를 유지하는 인물로서의 위치를 점하고 있다.

샤가아 의식을 집전하는 투바족 샤먼

투바 샤먼이 집전하는 '산 살리르' 의식은 산에서 진행되는 '산 살리르' 의식과 흡사하지만, 몇 가지 다른 특징을 갖고 있다. 노간주나무에서 연기가 오르기 시작하면 제례용 망토와 모자를 둘러쓴 샤먼은 먼저 자신의 북과 발, 신발에 차례로 연기를 쏘인다. 다음에 자신의 오른쪽 다리를 해가 회전하는 방향과 그 반대 방향으로 각각 세 번 돌린다. 이어서 북을 두드리기 시작하고, 뻐꾸기나 까마귀가 내는 것과 같은 소리를 지르며 주문을 외움으로써 본격적인 '산 살리르'의 시작을 알린다. 샤먼의 주문과 의식은 유체이탈을 통한 신과의 교섭을 위해 반드시 필요한 요소다. 샤먼은 영혼-주인들이 들려주는 목소리에 귀 기울이고, 다른 참석자들이 이해할 수 없는 언어로 그들과 대화를 이어가면서 산 자들의 염원을 신에게 전달한다.

산 살리르 의식을 집전하는 투바족 샤먼

새해 인사 '촐룩슈우르'

투바족은 '산 살리르'가 끝난 후에야 비로소 서로에게 새해 축하 인사를 건넬 수 있다. 차려진 제단 근처는 물론 산(山)을 내려와 축제가 계속되는 삼일 동안 투바족은 독특한 새해 인사 촐룩슈우르를 한다. '촐'은 선물, 안녕과 행복을 의미한다. 양 손으로 하는 이 인사는 먼저 아랫사람이 양손바닥을 앞으로 펼쳐 하늘을 보게 하면 그보다 연장자가 자신의 두 손바닥을 펼쳐 위에서 아래 방향으로 손바닥을 덮어주는 방식으로 진행된다. 이는 자신이 비무장 상태이며, 상대를 위해 내면의 모든 것을 진실하게 드러내고 있다는 것을 의미하는 것으로 상대에 대한 존경을 표현하고, 상대에게 도움이 필요한 경우 어떠한 지원도 아끼지 않겠다는 무언의 약속을 표현하는 행위다. 동년배의 경우에는 상대보나 번서 손을 아래로 뻗음으로써 자신이 상대를 더 존경하고 있다는 사실을 보여주려고 한다. 이때 상대도 역시 경쟁하듯 똑같이 손바닥을 하늘을 향하게 하고 먼저 내민 사람보다 더 아래로 손의 위치를 가져간다. 튀르크 계열의 민족에게 나이는 사회적 관계에서 중요한 위치와 의미를 지니는데, '나이든 사람, 연장자'라는 말 속에는 '인생 경험이 많이 축적된 사람'이라는 뜻이 함축되어 있다. 투바족은 촐룩슈우르를 통해 노인 혹은 연장자가 쌓은 경험이 고스란히 다음 세대로 전수된다고 믿었기 때문에, 젊은이들은 일 년에 한 번 밖에 할 수 없는 이 인사법에 대단히 정성을 기울인다. 소비에트 정부가 투바족 사회질서 유지를 위한 공동체의 제도적, 교육적 기능이 촐룩슈우르에 담겨 있다고 판단하여 이에 대한 감시를 강화하였기 때문에 샤가아를 은밀하게 진행했던 것과 마찬가지로 촐룩슈우르 또한 길거리가 아닌 가족 유르트 내에서 행하는 것으로 만족해야 했다. 촐룩슈우르를 할 때는 반드시 전통의상을 차려입어야 했고, 남자들과 여자들은 각각 상의 위에 행운을 상징하는 3~4미터 길이의 파란색과 빨간색 허리띠를 했다. 촐룩슈유르 후에는 여자들은 의례에 사용하는 목도리와 스카프를 서로 교환하였으며, 흰 털가죽을 선물로 건네기도 했다. 투바족 의례 전체에 걸쳐 등장하는 색은 각각 중요한 의의를 지니고 있다. 흰색은 순수, 선, 성스러움을, 파란색은 하늘, 남자의 탄생, 조화, 동의, 안정과 고요를, 노란색은 번식과 번영, 어머니-대지, 풍요로움, 상시성, 불변성, 따듯함, 삶에 대한 믿음을 상징한다. 붉은 색은 집의 아궁이, 성스러움, 소중함, 유일함, 젊음, 갓 태어남을 상징하며, 녹색은 성장과 번영, 번식을 상징한다. 거울이나, 찔릴 수 있는 날카로운 형태의 물건은 선물로 주고받지 않았다. 또한 위에서 아래로 입는 셔츠나 스웨터 등도 선물로 주는 것이 금기로 되어있는데, 선물을 받은 상대가 머리가 없어진다는 믿음 때문이었다.

촐룩슈우르

전통음식과 민속놀이

투바족은 새해에 준비한 음식의 질과 양이 가정의 번영, 가축수의 증감과 직접적으로 연관된다고 믿기 때문에 제의와 손님접대에 사용할 음식을 온갖 정성을 다해 준비한다. 봄이 시작되는 2월경이면 혹한의 긴 겨울을 견딘 가축들이 비쩍 마른 상태에 있기 때문에 샤가아에 적합한 고기를 찾는 것은 대단히 어려운 일이었다. 따라서 미리 10월이나 11월 경에 가축 중에 가장 살진 양을 잡아 유르트 근처에 구덩이를 파서 그 안에 보관했다. 수확한 곡식 중 기장쌀과 곱게 간 보리도 포대에 담아 땅 속에 보관하였다가 샤가아 때에 꺼내어 음식을 만드는데 사용하였다. 샤가아는 삼일 동안 진행되지만, 청소를 하고, 마른 장작을 구하는 등 샤가아를 준비하는 데에는 적어도 일주일 이상이 걸린다. 만약 샤가아에 사용할 가축을 잡아 보관하는 절차까지 포함한다면 투바족은 이미 가을부터 샤가아를 준비한다고 할 수 있다. 생존을 위한 음식을 제공하고, 추위로부터 견딜 수 있는 털과 가죽을 제공하면서 삶의 전 과정에 함께하는 양은 투바족이 가장 소중히 여기는 가축 중 하나이다. 투바족을 비롯한 시베리아와 중앙아시아 지역에 거주하는 민족들에게 '행복을 가져다주는 정결하고 성스러운 존재' 혹은 '영(靈)'을 의미하는 '온곤'은 다름 아닌 양이었으며, '산 살리르' 의식과 샤먼의 제례에서도 양은 성스러운 '산(Сан)'에 바치는 중요한 음식이었다.

투바족은 친지, 이웃, 가족들과 함께 양고기를 삶거나 끓이고, 양피를 이용하여 순대와 유사한 한(хан)을 요리한다. 그리고 함께 고기만두를 빚고, 보리와 밀, 수수를 섞어 만든 빵 달간(далган)과 보리 빵을 구우며, 치즈를 포함한 다양한 유제품들을 만든다. 아이들이 제일 좋아하는 음식은 새해에 기름을 졸이고 남은 찌꺼기(앙금)로 만든 달짝지근한 과자 촉펙이다. 촉펙을 만드는 것은 할머니들의 역할이었는데, 할머니들은 여름에 아이들에게 귀룽나무 잎과 열매를 따게 하여 이를 보관하였다가 겨울에 아이들에게 이에 대한 보상으로 촉펙을 만들어주었는데 이러한 일련의 소소한 과정을 통해서도 투바족 아이들에게 노동의 소중함을 가르치기도 한다. 샤가아 전날부터 샤가아 축제가 진행되는 동안에는 아라카를 비롯한 일체의 알콜 음료를 마시는 행위가 금지되었다. 보드카를 비롯한 알콜 음료는 고대부터 악마의 음료로 간주되었기 때문에 샤가아와 같은 신성한 명절에서는 금주하는 풍습을 엄격하게 지켰다. 투바족은 알코올을 비롯하여 논쟁과 다툼, 주먹다짐을 금하는 샤가아를 가장 건전한 전통 축제로 여긴다. 아주 예외적으로 보드카가 샤가아 축제에 등장하는 경우가 있었다. 샤가아를 맞이하면 음식대접을 받기 위해 부잣집을 방문한 이들이 많았는데, 방문한 손님이 많아 결국 차(tea)조차도 내놓지 못하는 상황이 올 경우 주인은 어쩔 수 없이 보드카를 꺼내오기도 했다.

새해 첫 날이 밝으면 젊은이들은 시간에 구애받지 않고 집집마다 돌아다니며 새해 인사를 했는데 그 과정에서 어느 집에서 대접을 더 잘 받았는지를 서로 비교하기도 한다. 찾아온 손님들에게 아낌없이 대접하는 것이 투바족의 예법이었다. 방문한 손님은 가장 상석에 앉았고, 손님이 고기 조각을 집 안에 있는 아궁이에 던져 넣은 후에야 함께 음식을 먹을 수 있었다. 투바족 사이에는 다음과 같은 이야기가 전해져 내려오는데, 어느 날 모욕을 당한 한 사람이 이를 기억했다가 샤가아날 자신을 모욕한 사람을 집으로 초대하기로 결심한다. 초대받은 사람이 집을 방문하자, 집주인은 보기에도 황홀할 만큼의 많은 음식을 내놓았다. 초대를 받은 투바족 손님의 예법상 자신을 위해 차려진 음식을 거절하지 않고 모두 먹어야 했기 때문에, 그 사람은 차려진 음식을 힘겹게 모두 먹어야 했다. 그가 감사의 인사를 표하고 일어서려 하자, 집주인은 그를 붙들어 자리에 앉히고 처음과 똑같은 양의 음식을 다시 차려 내놓았다. 결국 손님이 두 손을 들고 용서를 구했다는 이 이야기는 투바족의 손님접대를 상징적으로 묘사하는 좋은 본보기라고 할 수 있다.

투바족 민속놀이 '활쏘기'

투바족 민속놀이 '무거운 돌 들어올리기'

투바족의 전통 민속놀이도 축제의 큰 부분을 차지한다. 호이징가는『호모 루덴스』에서 "인간의 유희적 본성이 문화적으로 표현된 것이 축제이며, 이 축제적인 상황에서 벌어지는 놀이는 비일상적이고 비생산적인 것이지만 일상과 생산을 위해서는 필수불가결한 일"이라고 지적했다. 투바족은 샤가아가 있기 3일 전부터 전문 이야기꾼(토올추)을 초청하여 유목과 사냥을 하였던 조상들의 이야기를 전해줌으로써 투바족의 전통가치관을 미래세대가 함께 공유할 수 있는 자리를 마련한다. 민담 들려주기는 유르트와 광장에서 축제 기간 내내 지속된다. 투바족이 가장 좋아하는 장기두기를 비롯하여, 빨리 발음하기 힘든 음들 연속으로 발음하기, 가장 긴 이야기 만들어내기, 활쏘기, 스키타기, 줄다리기, 팔씨름, 무거운 돌 들어올리기, 얼음 기둥 기어오르기, 썰매타기 등을 비롯하여 고기만두나 면(麵)음식, 기름진 수프 빨리 먹기 등의 대회가 다양하고 풍성하게 치러진다. 음식 빨리 먹기 대회는 참여자가 먹은 음식의 양을 접시가 아닌 냄비 양으로 결정하였으며(과거에는 솥의 양으로 했다고 한다), 승자에게는 상금으로 양이 주어진다. '손바닥 가장자리를 이용한 뼈 부수기'와 같은 놀이도 했는데, 유목민들에게 동물과 사람의 뼈는 놀이와 실용예술을 위한 재료이자 세계를 인식하는 중요 수단으로서 주는 그 의미가 상당히 깊다. 투바족의 고대 장례풍습은 망자를 땅에 매장하지 않고 펠트 천에 감싸 스텝 초원의 열린 공간에 두고 새와 야생짐승이 먹게 두었다. 특별히 뼈만 남은 샤먼의 시신은 수습하여 나무통에 넣어 샤먼의 나무에 걸어 두었다.

샤가아를 위한 음식 만들기, 샤가아 때 진행되는 손님 대접하기와 각종 전통놀이를 통해 투바족은 느슨해진 가족과 종족의 유대 고리를 다시 튼튼히 하고, 연장자를 존경하고, 그들과 조상들이 가진 전통에 대한 가치를 인정하고 소중히 여기는 시간을 갖는다. 민족적 정체성을 유지해 나갈 수 있는 투바족의 유리한 지리적 여건 외에도 세대 간 단절될 수 있는 문화적 정체성에 대한 위기를 샤가아는 촐룩슈우르처럼 상호 전달하고 맞잡아주는 과정을 통해 동질성을 공유하고 공동체 사회를 결속시키는 자리를 제공한다.

축제를 마무리하며

한 종족의 특수성은 친족관계, 고유의 터전, 종교적인 제의로 설명된다. 여기에 복장, 음식, 의례절기, 풍속, 특정한 금기들이 타집단과의 차이와 구별을 위하여 필요한 문화소라고 할 때), 축제는 한 종족의 문화적 특수성과 정체성을 설명하는 중요한 지표로서의 기능을 한다. 세계 각국에 존재하는 다양한 축제 문화소들처럼 투바족 축제 샤가아 또한 보편적이고 원형적인 공통적인 요소들과 더불어 투바족 사회·문화적 환경에서만 잉태 가능한 독특한 문화소들을 갖고 있다.

겨울에서 봄으로 이행하는 시점 한가운데 있는 투바족 새해맞이 축제 샤가아는 자연과 인간 사회의 질서와 리듬, 관계를 확인시켜주는 기능을 한다. 투바족은 태양, 달과 별, 타이가, 대지, 강과 산(山) 그리고 자연의 영혼-주인들에게 나와 가족의 안녕과 풍작, 가축의 증가, 친지와 공동체의 복을 기원한다. 축제 당일은 물론 그 이전부터 집 안팎과 마을, 사원을 중심으로 실시되는 사물과 공간에 대한 정화는 곧 사람들의 사고와 의식, 내면의 정화로 연결된다. 세탁과 청소, 노간주나무와 '산 살리르', 샤먼들의 의식 기저에는 공통적으로 지난

해의 모든 불행과 어두운 요소들을 걷어내고 정화시켜 삶을 새롭게 부활, 소생시키고자 하는 투바족 공동의 염원이 자리하고 있다. 촐룩 슈우르처럼 구세대와 신세대가 서로 손을 마주향하고 감싸주는 의식은 상호 공경과 존경을 통해 문화적 전통에 대한 공감대를 형성하고, 자연스러운 세대교체를 상징하는 투바족 전통의 새해 인사법이라고 할 수 있다.

태양, 노간주나무, 불, 연기, 주문, 샤먼, 촐룩슈우르, 찰라마, 색, 손님 대접, 놀이, 음식과 같이 다양한 축제 문화소가 녹아 있는 샤가아 축제는 투바족의 생활상과 민속을 전체적으로 조감할 수 있는 종합 문화의 장이라고 할 수 있다. 2015년 투바족 212 가족을 대상으로 한 설문조사에서 '자녀들의 미래 교육을 위해 필요한 전통 문화'를 묻는 질문에 응답자들은 축제 중에서는 유일하게 샤가아를 선택했다. 샤가아는 그만큼 투바족 다른 어떤 축제보다 민족 문화적 요소들을 많이 간직하고 교육적 요소가 강한 축제라고 할 수 있다.

소비에트 권력이 투바족의 모든 전통 풍습과 의례들을 '청산해야 할 과거의 잔재'로 규정하고, 그에 따른 정책을 폈던 70여 년 동안 투바족의 정신세계는 마치 진공상태에 가까웠다고 말할 수 있다. 시간이 지날수록 전통 부활에 대한 투바족의 간절함은 더해갔고, 20세기 말 드디어 새해맞이 축제 샤가아는 투바족 공식 축제로 인정받게 되었다. 21세기 샤가아는 투바족의 자부심과 긍지를 심어주는 축제로 자리 잡았다. 다양한 문화소들을 통해 투바족 새해맞이 축제 샤가아의 본질적인 의미에 접근함으로써 투바족 사회의 가치, 신념, 지향점 등을 비롯한 문화정체성을 확인하는 작업은 향후 알타이어계 주변 민족들의 축제 비교연구를 위한 중요한 발판을 제공할 수 있을 것으로 보인다.

참고문헌

구형찬(2017): 「시베리아 샤머니즘 재고」, 『시베리아 근대성과 소수민족 담론: 시베리아 이야기2』. 민속원.

김광억 외(2006): 『종족과 민족 그 단일과 보편의 신화를 넘어서』. 아카넷.김병인(2004): 『역사의 지역축제적 재해석』. 민속원.

김영순, 최민성 외(2010): 『축제와 문화콘텐츠』. 다힐미디어.

김용덕(2007): 『중앙아시아의 바위그림』. 동북아역사재단.

김태옥(2014): 「투바 마법동화에 나타난 투바인들의 삶에 대한 고찰」, 『러시아학』 10호, 17-43.

김태옥(2016): 「투바 영웅담에 나타난 서사구조와 갈등양상: <하인디린마이 바가이-오올>을 중심으로」, 『러시아학』 13호, 47-66. 다빈치 축제 편집팀 엮음(2016): 『세계축제100』. 류정아(2003): 『축제와 문화』. 연세대학교 출판부.

문준일(2016): 「시베리아 에벤족의 새해맞이 축제에 대한 연구」, 『러시아학』 12호, 91-105.

백경희(2016): 「러시아 소수민족 네네츠인들의 민속 문학장르: 내러티브 화자와 시점」, 『러시아학』 12호, 21-44.

바흐친 미하일(2002): 『장편소설과 민중언어』(전승희 역). 창작과 비평사.

윤선자(2008): 『축제의 문화사』. 한길사.

엄순천(2016): 「고아시아 코략족 홀롤로 축제 분석」, 『러시아학』 12호, 107-130.

이건욱(2002): 「시베리아 투바공화국 샤머니즘 고찰」, 『한국무속학』 5, 131-145.

이미순(2014): 『축제가 도시브랜드를 만날 때...』. 새로미.

주채혁 외(2006): 「소욘족(鮮族) 구성의 역사적 분석 시론(試論)」, 『강원사학』 21, 179-202.

포사이스 제임스(2009): 『시베리아 원주민의 역사』(정재겸 역). 솔.

표인주(2007): 『축제민속학』. 태학사. 하자노프(1990): 『유목사회의 구조 : 역사인류학적 접근』(김호동 역). 지식산업사.

한상복, 이문웅, 김광억(2012): 『문화인류학』. 서울대학교출판문화원.

험프리 캐롤라인, 오논 우르궁게(2010): 『샤머니즘 이야기1』(민윤기 역). 제이엠비인터내셔널.Riedel Ingrid(2006): 『색의 신비』. 학지사.

Riedel Ingrid(2006): 『색의 신비』. 학지사.

Биче-оол С.М.(1968): Краткие итоги этнографической экспедиции ТНИИЯЛИ, УЗТНИИЯЛИ. Вып. 13. Кызыл. 283–288.

Вайнштейн С.И.(2001): История Тувы том 1. Новосибирск: Наука.

Донгак С.Ч.(2015): Вехи эволюции тувинского Шагаа. Новые исследования Тувы 1(25). М.: Элект. нау. жур. “Новые исс.-ния Тувы”, 99-104.

Дьяконова В.П.(1996): Ламаизм и бытовая культура тувинцев. Традиционное мировоззрение народов Сибири. М.: Рос. Акад. наук. Ин-т. этнологии и антропологии им. Н. Н. Миклухо-Маклая, 13-34.

Иргит Ч.К.(2010): Становление этнографической науки в Туве. Этнографическое образование.1. М.: Фед. гос. ун. пред.-тие Акад. нау.-изд., произ.-полиграф. и книгораспространительский центр “Наука”. 142-157.

Параоол Л.С.(2015): Понятие “месяц” в тувинском языке: зимние месяцы. Филологические науки. Вопросы теории и практики. 12-4. Тамбов: Общество с ограниченной ответственностью Изд. “Грамота”. 93-97.

Качан И.Б.(2010): Шагаа навсегда! Новые исследования Тувы 1(5). М.: Элект. нау. жур. “Новые исс.-ния Тувы”. 297-310.

Кенин-Лопсан М.Б.(2006): Традиционная культура тувинцев. Кызыл: Тувинское книжное издательство.

Конгу А.А.(2015): Ритуально-обрядовые действа во время Шагаа. Новые исследования Тувы 1(25). М.: Элект. нау. жур. “Новые исс.-ния Тувы”. 120-129.

Кужугет А.К.(2006): Духовная культура тувинцев: структура и трансформация. Кемерово: КемГУКИ.

Кужугет А.К.(1998): Шагаа. Круг знания: науч.-информ. сб. Вып.1. Кызыл. 44-51.

Куулар С.В.(2017): Сравнительный анализ проведения нового года у тувинцев и монголов. Молодёжный научный вестик. 7(20). Стерлитамак: Общество с ограниченной ответственностью «Вектор науки». 21-25.

Курбатский Г.Н.(1973): Тувинские праздники (историко-этнографический очерк). Кызыл: Тувкнигоиздат.

Ламажаа Ч.К.(2011): Тува между прошлым и будущим. СПб.: Алетейя.

Ламажаа Ч.К.(2014): Засанские тувинцы: образ жизни, ценности, идеалы. Новые исследования Тувы 3(23). М.: Элект. нау. жур. "Новые исс.-ния Тувы". 152-165.

Маркус С.В.(2006): Тува: Словарь культуры. М.: Академический Проект, Трикста.

Монгуш Б.Б.(2015): Истоки двенадцатилетнего животного календаря и его связь с празднованием Шагаа. Новые исследования Тувы 1(25). М.: Элект. нау. жур. "Новые исс.-ния Тувы". 105-111.

Монгуш М.В.(2001): История буддизма в Туве (вторая половина Ⅵ - конец XX в.). Новосибирск: Наука.

Ончар А.У.(2015): Традиционная новогодняя пища у тувинцев. Новые исследования Тувы 1(25). М.: Элект. нау. жур. "Новые исс.-ния Тувы". 112-119.

Пальмбаха. А.А.(1955): Тувинско-русский словарь. М.: Гос. изд.-тво иност. и нац.-ных словарей.

Сарыг-лама С.О.(2015): Тувинские народные праздники как средство нравственного воспитания детей. Тезисы доклада на конференции. Кызыл: Фед. гос. бюд. обр. уч.-ние выс. проф. обр.-ния "Тувинский гос. ун.-тет". 113-114.

Светлана К.И.(2016): Опыт исследования этнокультурных традиций в современной тувинской семье. Вестник тувинского гос. ун.-тета. №4 Педагогические науки. 4(31). Кызыл: Фед. гос. бюд. обр. уч.-ние выс. проф. обр.-ния "Тувинский гос. ун.-тет". 25-30.

Сечин Р.(2012): Тува, М.: Ад Маргинем Пресс.

Тезич М. Д.(2013): Роль религии в формировании этнокультурной традиции и её влияние на этническую идентичность молодёжи на примерах республик Бурятия и Тыва. Вестник Бурятского науч. цен. Сибирского от.-ния Российской академии наук 1(9). Улан-Удэ: Бурятский науч. цен. Сибирского от.-ния РАН. 151-158.

Торбоков А.В.(2015): Традиционные праздники Республики Алтай. Исторический вестник. No.9. Горно-Алтайск: Горно-Алтайский гос. ун.-тет. 57-69.

Тютрина К.С.(2010): Шагаа - традиционный праздник современных тувинцев(по материалам прессы). Новые исследования Тувы 1(5). М.: Элект. нау. жур. "Новые исс.-ния Тувы". 211-227.

Харунова М.М.(2016): Проблемы возрождения национальной культуры в Туве в постсоветский период. Новые исследования Тувы 2(6), М.: Элект. нау. жур. "Новые исс.-ния Тувы". 62-70.

❖ 이 글은 「투바족 새해 축제 샤가아」란 제목으로 『유럽사회문화』 19호(2017.12)에 실렸던 것을 수정·보완한 것이다.

❖ Выражаем глубокую благодарность Управлению по работе с обращениями граждан Администрации Главы Республики Тыва и Аппарату Правительства Республики Тыва за разрешение опубликовать представленные в книге фотографии.

사진출처

http://gov.tuva.ru/

http://vca-tuva.ru/sites/default/files/images/dsc_0224.jpg

만주족의 축제

서광덕(부경대학교 인문사회과학연구소 HK연구교수)

들어가며

근래 세계적으로 만주족과 만주지역에 대한 학계와 일반의 관심이 높아지고 있다. 가장 큰 원인은 만주문자로 기록된 청대의 수많은 문서들이 오랫동안 중국의 여러 서고에서 잠자고 있다가 개혁개방 이후 외부에 공개되면서, 연구자들이 청대사를 만주족의 입장에서 다시 생각해볼 수 있는 길이 열린 탓이다. 일군의 구미 학자들은 이 새로운 도구를 활용하여 청제국의 역사를 '만주족 중심'의 시각에서 다시 써 가고 있는데, 이런 연구 흐름을 소위 '신청사(New Qing History)'라고 한다.

한국은 만주지역과 만주족이 자민족의 현실과 역사에 직결되어 있다는 점에서 이들에 대한 관심의 방향과 강도가 특수한 편이다. 한국의 이 특수성은 만주에 대한 이해에 양날의 칼로 작용한다. 조선은 만주족과 다른 어떤 나라보다 많이 접촉했고 그들에 대해, 특히 초기의 만주족과 그들의 조상인 여진에 대해 다른 문화권에서는 찾아볼 수 없는 많은 기록을 남겼다. 따라서 한국인은 만주족에 대한 기록들을 해석하고 그 맥락을 파악하는 데 유리한 지점을 점유하고 있다. 그러나 만주족의 조선 침탈과 그로 인한 증오의 기억 그리고 그들을 야만인으로 무시해 온 감정적 기제는 지금까지도 한국인의 만주족에 대한 객관적인 연구와 접근을 가로막는 장애물로 작용하고 있다. 또한 '만주'를 지명으로 사용하고 있는 한국의 특수한 언어 현실도 간혹 만주족과 만주지역에 대한 이해를 혼동케 한다.

현재의 만주족

만주족은 현재 중국에서는 '만족(滿族)'이라고 불리며, 중국의 55개 소수민족 가운데 하나다. 2010년 제6차 전국인구조사에 따르면 인구수 약 1,041만 명으로 전체 소수민족 가운데 세 번째로 많은 인구를 지닌 민족이다. 퉁구스민족 가운데 최대의 민족 분파이고 만주어를 사용하며 우랄알타이-퉁구스어족에 속한다. 만주족은 현재 전국 각지에 흩어져 살고 있는데, 랴오닝(遼寧), 허베이(河北), 헤이룽장(黑龍江), 지린(吉林), 내몽고 자치구와 베이징(北京) 등의 성(省)과 자치구, 직할시에 많고 그밖에 신장(新疆), 간수(甘肅), 닝샤(寧夏), 산둥(山東), 후베이(湖北), 구이저우(貴州)등의 성과 시안(西安), 청두(成都), 광저우(廣州), 푸저우(福州) 등의 대도시에 살고 있다. 그렇지만 역시 만주족은 랴오닝에 살고 있는 인구가 가장 많다. 만주족은 자신의 언어, 문자를 갖고 있으며, 동북지구의 백산흑수(白山黑水)를 자신의 고향으로 생각하고 있다.

그림 1. 만주족

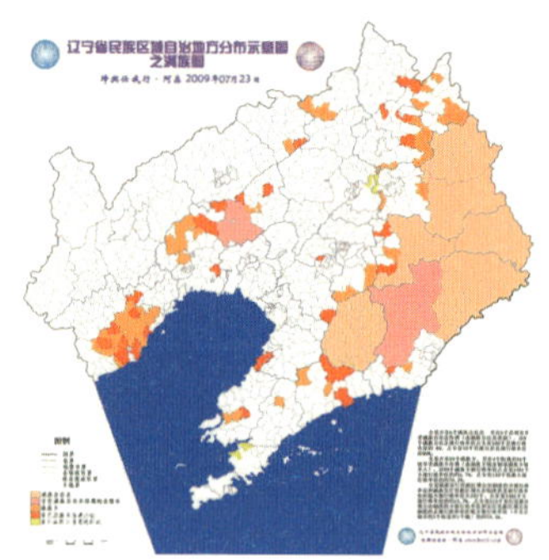

그림 2. 랴오닝성의 만주족 분포

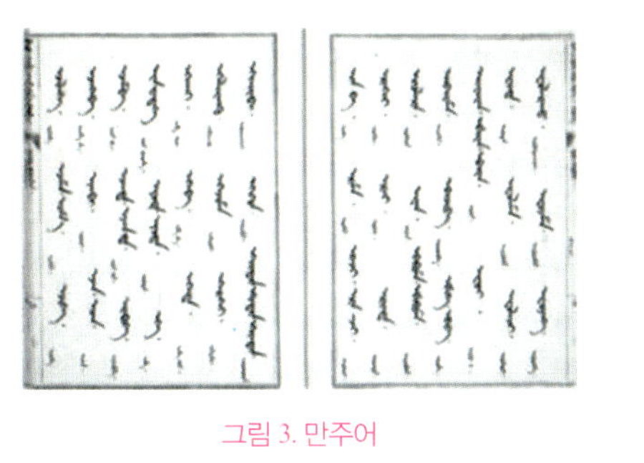

그림 3. 만주어

지금은 중국의 소수민족 가운데 하나이지만, 만주족은 청(淸)이라는 중국의 마지막 왕조를 이끈 민족이었다. 바로 이것이 다른 알타이계 민족과 달리 만주족 축제를 비롯한 문화 연구에 있어서 주의해야할 점인데, 왜냐하면 이것은 종래의 만주족에 대한 이해가 대체로 중국인 또는 중화민족이라는 한족 중심의 중국사 또는 중국문화론과 밀접한 관련이 있기 때문이다. 좀 더 자세히 설명하자면, 첫째, 기존의 청대 연구에서 오랫동안 강력한 이론으로 자리잡았던 만주족의 한화(漢化)라는 것이다. 여기서 만주족이 한족화함으로서 이미 자신들의 고유한 언어와 문화를 상실했다는 해석이 나온다. 즉 만주족의 고유한 축제도 점차 한족 문화의 영향을 받아서 만주족만의 축제라는 것은 본래의 성격을 잃었다는 것이다.

이와 연관되지만 둘째, 최근 중국정부의 정책으로 인해 만주족의 고유문화를 복원하려는 시도가 이루어지고 있다는 점이다. 이것은 만주족의 정체성을 규명하는 점에서 의미가 있는 일이지만, 마냥 좋아할 것은 아니라는 점이다. 1949년 신중국이 건국한 이래로 한족과 소수민족이 서로 동화하고 융합하여 단일화된 '중화민족'이 형성되었다고 중국은 강조하고 있다. 이는 중국 소수민족이 더 이상 독립된 민족개체가 아닌 단일민족 개념인 중화민족의 일원이 되었음을 의미한다. 이러한 중화민족 만들기 정책은 그대로 유지하면서 최근에 중국 내의 여러 소수민족의 정체성을 복원하려는 시도를 용인하고 있는데, 그 가운데 대표적인 사례 중의 하나가 바로 동북 3성의 만주족이다. 중국은 만주족을 중화민족으로 만들기 위해 2002년 10월 이래로 청사공정(淸史工程)을 진행하고 있다.

이 청사공정이 한편으로는 만주족의 정체성 회복을 위한 여러 가지 사업을 장려하지만, 이것은 철저하게 중화민족의 구성원으로서 만주족을 포섭하기 위한 시도의 일환이다. 특히 이 청사공정에서 대두된 만주족의 '장백산 문화론'은 만주족의 시원을 백두산에 두고 있다. 이전에 조선족의 성지였던 백두산이 중국의 정치적 공세로 인해 만주족의 성지로 바뀐 것이다. 이는 외부적으로는 한국과 역사인식에 있어서 갈등을 조장하지만, 내부적으로는 만주족의 정체성을 만들어주면서 동시에 전체 중국문화의 외연을 확장하는 효과를 갖는다. 따라서 만주족에 대한 연구는 '장백산 문화론'과 같은 중국정부의 정책에서 재출된 논의에서 벗어나 진정 만주족의 고유한 문화가 복원되는 것이 필요하다. 이것은 만주족 축제를 연구함에 있어서 주의하지 않으면 안되는 대목이다.

만주족의 시원

만주족의 역사는 시베리아에서 시작되었고, 기원 전후 한반도의 북부와 중국의 동북 지방에서 숙신(肅愼), 부여(夫餘), 읍루(挹婁), 물길(勿吉), 말갈(靺鞨) 등의 부족국가로 성장하였다. 7세기에는 속말(

粟末) 말갈이 고구려 유민을 중심으로 건국한 발해(渤海)에 융합되었다. 그러나 발해는 10세기에 거란(契丹, 몽고족의 일파)에 의해 멸망되었다. 11세기에 만주족의 하나인 여진족(女眞族)이 일어나 금(金)나라를 건국하여 거란족이 세운 요(遼)나라를 멸망시키고 중국의 동북지방을 평정하였다. 그리고 여세를 몰아 중국의 송나라를 중원 이남으로 쫓아내고, 조공을 받는 등 그 위세가 중국대륙을 관통했다. 1215년 몽골군대의 압력 하에 이들은 수도를 연경(燕京, 지금의 베이징)에서 변경(汴京, 지금의 카이펑開封)으로 옮겼다.

좀 더 자세히 만주족의 역사를 살펴보면 다음과 같다. 앞서 얘기했듯이 만주족의 역사는 숙신으로 거슬러 올라간다. 숙신인은 수렵경제 위주의 신석기문화에 들어가 있었으며, 중국의 요순(堯舜)시대에 이미 중원과 연계가 있었던 것으로 전해 내려온다. 주(周)나라 때의 기록에 의하면 서주 초엽에 이미 숙신이 주왕실에 화살(楛矢)과 돌살촉(石始砮) 등을 헌상한 것으로 나타나 있다. 당시 숙신인은 흑룡강, 오수리강, 송화강 유역의 동쪽에 바다를 끼고 있던 지역에 살고 있었다. 중국고고학계의 연구에 의하면 지금의 헤이룽장성 닝안시(寧安市) 경백호(镜泊湖) 남단의 잉거링(鶯歌岭) 원시사회(原始社会) 유적지가 지금으로부터 3,000년전 즉 서주시기 숙신의 문화유적이라고 보고 있다.

이후 한(漢)대와 위진남북조 시대에 숙신은 곧 "읍루(挹娄)"라고 불렸다. 『후한서(後漢書)』「동이전(東夷傳)」에 의하면 "읍루는 옛 숙신의 나라다. 부여의 동쪽 1천여 리에 위치하였다. 동쪽으로는 큰 바다에 접하고 있으며, 남쪽으로는 북옥저에 접하고, 북쪽의 경계는 어디인지 알 수 없다. 토지는 산험(山險)하다. 사람들의 모습은 부여와 흡사하되, 언어는 각기 다르다."라고 기록되어 있다. 읍루가 생활한 곳은 대체로 숙신과 상통한다. 그러나 일부 부족은 이미 지금의 지린성(吉林省)과 랴오닝성 동북부로 이주했다. 남북조 시기 숙신과 읍루의 후손을 물길이라 칭했다. 『위서(魏書)』 「물길전(勿吉傳)」에 의하면 "물길은 숙신의 나라다."라고 기록하고 있다. 물길은 위나라 태화(太和) 때 부여를 내쫓고 남쪽으로 부여의 고토인 송화강 유역으로 이동했다.

수당(隋唐)시대에 들어와서 물길을 '말갈(靺鞨)'이라 불렀다. 말갈은 초기에 수십 개의 부족으로 나뉘어져 있었다. 하지만 이후 7대 부족으로 합병되었고, 그 중 흑수(黑水) 말갈과 속말(粟末) 말갈이 가장 강대했다. 흑수 말갈은 흑룡강 중하류에 거주하여 여전히 원시사회 후기의 가부장제도의 단계에 있었다. 속말 말갈은 말갈족 중에서 발전수준이 가장 높았던 부족이었다. 원래 고구려의 신하국으로 복속되어 있었지만, 당나라 초기에 당조에 귀속되어 영주로 이주했다가 다시 백두산 북녘과 송화강 상류로 돌아가 자리를 잡고, 백산(白山), 백돌(伯咄), 안거골(安車骨) 등 말갈의 여러 부족을 거두어들이는 한편 부여, 옥저, 고구려의 유민과 융합하여 발해를 건국하였다. 발해는 10세기초 거란인이 건국한 요에 의해 멸망되고, 흑수 말갈은 남쪽 발해의 고토로 이주하여 요에 복속되었다. 요는 흑수 말갈을 '여진(女眞)'이라고 불렀다.

그림 4. 발해국

이 요(遼)대 시기 동북지역에는 각각 남여진(南女真, 곧 熟女真), 북여진(北女真), 생여진(生女真), 황용부여진(黃龍府女真), 순화여진(顺化女真), 장백산여진(長白山女真) 등이 있었고, 이러한 여진부족 사이에는 결코 서로 통괄되거나 예속되지 않았다. 북송초기 곧 10세기말 여진 완안부(完顔部)는 빠르게 발전하여 지린성 이북의 각 부족을 통합하여 1115년 완안 아골타(阿骨打)가 나라를 세워 금(金)이라 칭했다. 그 후 얼마 안 있어 요를 멸망시키고 계속해 북송을 멸한 후 중국 동북과 황하 유역의 중원지역을 차지했다. 뒤에 몽고군대의 강한 압력하에 카이펑으로 천도하고 남쪽으로 발전할 모색을 하면서 10여 년간 남송과 교전을 하는 동안 앞뒤에서 공격을 받아 1234년 금나라는 몽고에게 멸망하였다.

애초에 동북과 이후 계속 동북으로 돌아온 여진인들이 후대 만주족으로 발전하게 된다. 원나라의 지배를 받았던 여진족은 원말명초에 일부 여진족들이 남쪽으로 이주해 지린성과 랴오닝성 북부와 동부 일대에 정주했다. 이로 인해 여진인들은 대체로 3개의 큰 부분으로 나뉘는데. 당시 명(明)은 이들을 건주여진(建州女眞), 해서여진(海西女眞), 야인여진(野人女眞)의 세 집단으로 구분하였다. 세 집단의 하부에는 아이만(aiman, 部)이나 구룬(gurun, 國)으로 불린 여러 정치적 독립집단이 존재했고, 때로는 이 하부 집단도 통일되지 못한 채 내부적으로 여러 씨족과 부족이 권력을 다투고 있었다.

건주여진은 압록강의 북쪽으로 혼하(渾河) 상류부터 동가강(佟家江)에 걸쳐 거주했으며, 숙수후 비라(suksuhu bira, 蘇克素護河)·후너허 비라(hunehe bira, 渾河)·왕기야(wanggiya, 完顔)·동고(donggo, 董鄂)·저천(jecen, 哲陳)의 5개 부(aiman)로 나뉘어 있었다. 이 외에 백두산 일대의 너연(neyen, 訥殷)·주셔리(juˇseri, 朱舍里)·야루걍(yalu giyang, 鴨綠江)의

3개 부도 때로 건주여진의 일부로 분류되었다. 건주여진에 속한 여러 부는 정치적 독립체였고, 수장 가문 사이의 혈연적 친연관계도 확인되지 않는다. 이 시기에 건주여진은 씨족을 단위로 하는 사회에서 벗어나, 여러 씨족이 하나의 마을에 거주하거나 하나의 씨족이 분화하여 여러 마을에서 분산 거주하는 지연적(地緣的) 형태의 거주로 발전해 있었다. 또한 생산의 면에서 수렵이나 목축, 그리고 채집 경제가 여전히 중요했지만 농업과 교역이 확산되어 가고 있었다. 농업과 교역이 증가할수록 사회적 계층의 분화가 촉진되어 갔고, 각 부 사이에 명나라와의 교역권을 둘러싸고 갈등과 마찰이 확대되어 가고 있었다.

해서여진은 훌룬 4부(hûlun, 扈倫四部)라고도 불렸는데, 울라(ula, 烏拉)·하다(hada, 哈達)·여허(yehe, 葉赫)·호이파(hoifa, 輝發)의 4개 부(gurun)로 구성되었다. 이들은 송화강(松花江, sunggari ula) 하류지역에서 거주했으며, 사회와 생산의 발전 수준은 건주여진과 유사했지만 세력은 건주여진보다 더 강력했다. 건주여진의 여러 부의 수장 가문 사이에 공통의 혈연적 기원이 보이지 않는 반면, 해서여진 4개 부의 수장 가문은 '나라(nara)' 성(姓, hala)을 공유했다. 그러나 성을 공유했다고 해서 이들이 하나의 씨족에서 파생된 것은 아니었다. 기원의 측면에서 해서여진의 종주격인 울라는 본래 명칭이 '훌룬'이었고, 수장 일족의 성은 '나라'였다. 하다 부는 울라 부의 수장 일족의 일원이 독립하여 설립한 부였다. 호이파 부의 시조인 앙굴리·싱굴리는 본래 흑룡강 유역에서 거주하던 니마차 부의 일원으로 '익더리'라는 성을 사용했으나, 송화강 유역으로 이주하여 '나라'로 성을 바꾸고 부를 설립했다. 여허 부는 해서여진 4개 부 가운데 특히 이질적이었다. 여허는 몽골인인 싱건 다르한이 여허 강변으로 이주하여 성을 '나라'

로 바꾼 후 세운 부(部)였고, 이 때문에 종족과 언어 면에서 몽골과 여진이 섞인 독특함을 띠고 있었다. 훌룬 4부의 수장 가문들은 '나라' 성을 공유했고 상호 연맹을 형성했지만, 각 부는 정치적으로 독립체였다.

야인여진은 무단강(mudan bira, 牡丹江) 일대와 그 동쪽의 오늘날 러시아의 연해주 지역에서 거주했다. 명이 야인여진이라고 부른 집단을 훗날 청대에 만주족은 동해지역(東海, dergi mederi golo)이라고 불렀다. 야인여진은 후르하(hurha, 虎爾哈)·워지(weji, 窩集)·와르카(warka, 瓦爾喀) 등의 부로 나뉘어 있었고, 이 외에 여진과는 다른 계통인 북방 퉁구스계의 허저(heje, 赫哲)·피야카(fiyaka, 費雅喀)·오로촌(oroncon, 鄂倫春)·캬카라(kiyakara, 哈克拉) 등의 부족까지 포함되었다. 건주와 해서가 어느 정도 기원의 단일성이나 지리적 근린성을 고려한 구분이었음에 반해, 야인여진은 건주와 해서여진을 제외하고 명으로부터 원거리에 위치한 다양한 집단을 통괄하여 하나의 범주에 넣은 무원칙한 구분이었다. 그럼에도 불구하고 야인여진의 공통적인 사회상을 찾아보면, 이들은 주로 수렵과 어로를 영위했고, 건주나 해서와 달리 씨족(hala)이 유지되고 있었다. 따라서 야인여진에 포괄된 여러 부는 정치적 단일체라기보다 씨족들의 연맹체적 성격이 강했다.
여진의 통일은 비교적 단기간에 이루어졌다. 건주여진의 숙수후 비라 부 출신의 누르하치는 1583년 기병한 후 수많은 전투와 능수능란한 외교를 통해 여진을 통일해 갔다. 그는 1588년까지 건주여진을 통일한 후, 뒤이어 해서여진과 야인여진을 하나씩 공략해 갔다. 1599년에 하다를, 1607년에 호이파를, 1611년에 야인여진의 일부를, 1613년에 울라를 병탄했다.

누르하치는 1616년 무렵 아이신 구룬(aisin gurun, 金國)의 건국을 선포한 후, 1619년에는 명과 조선 연합군의 대대적인 공격을 격퇴하고 같은 해에 여허를 멸망시킴으로써 마침내 여진 세계의 대부분을 통일하였다. 그러나 통일된 여진의 여러 부족들의 기원과 생활의 양태가 다양했고 정치적으로도 오랫동안 분산되어 있었기 때문에, 합병된 이들을 단기간 내에 하나의 체제 속에 융합해내는 일은 쉽지 않았다. 이 어려운 일을 효율적으로 수행해 준 것이 바로 팔기(jakûn gûsa) 제도였다.

그림 5. 여진족

그림 6. 누루하치

'만주'라는 족명(族名)

만주족은 주된 민족의 민족기원을 고대민족과 역사민족인 숙신(肅愼), 읍루(挹婁), 물길(勿吉), 말갈(靺鞨)과 관련짓는다고 말했다. 물길은 여진어로는 '와집(窩集)'의 음이 바뀐 것으로 '삼림(森林)'이라는 의미를 지니고 있다. 송과 요대에는 '여진'이라 불렀는데, 특히 요대에는 카이위안(오늘날 랴오닝 開原) 이남을 '숙여진(熟女真)', 카이위안 이북을 '생여진(生女真)'이라 불렀다. 명대 시기의 여진인은 건주여진(建州女真), 해서여진(海西女真), 야인여진(野人女真)으로 구분되었다.

'만주'라는 족명이 역사의 전면에 등장한 것은 1635년 11월 22일(천총天聰 9년 10월 13일)에 아이신 구룬(aisin gurun, 金國)의 2대 한(han)인 홍타이지가 '만주'를 공식적이자 유일한 족명으로 선포한 때부터다.

"우리 구룬(gurun)의 이름은 본래 만주, 하다, 울라, 여허, 호이파이다. 그것을 무지한 사람들이 주션(juˇsen)이라고 부른다. 주션은 시버(sibe)의 초 머르건(coo mergen)의 일족이다. 그들이 우리와 무슨 관계가 있는가! 이후로 모든 이들은 우리 구룬을 본래 명칭인 만주라고 부르라. 주션이라고 부르면 벌을 줄 것이다."

그 전에 만주족의 전신은 자신들을 주로 '주션(juˇsen)'이라고 자칭했고, 명에서는 이들을 '여진(女眞)'이라고 불렀다. 홍타이지는 왜 '주션(諸申)'이라는 명칭을 폐기하고 '만주'라는 명칭을 공포했으며, '만주'라는 명칭은 어디에서 유래했는가? 중국에서는 만주족의 민족 명칭을 청대와 관련을 짓고 있다. 이에 대한 내용을 살펴보면 다음과 같다. 먼저, 만주족은 중국 건국이전의 명칭으로 청대 시기의 민족이면서도 지역을 가리키는 이중적인 명칭이었다. 1635년 청조 개국황제인 애신각라(愛新覺羅, 아이신 기오로) 황태극(皇太極, 홍타이지, 태종 숭덕제(崇德帝), 1592-1643)은 금나라를 세운 '여진'을 '만주(滿洲)'라 불렀다. 황태극은 해서여진을 주체로 삼아 일부 한인, 몽골인, 다우르족(達斡爾族), 시버족(錫伯族), 조선인 등을 흡수하여 새로운 민족공동체를 구성하였다. 이후 여진을 '만주'로 개칭하였는데, 이로부터 만주의 명칭이 정식으로 출현하였다. 만주는 몽고어로는 '길상(吉祥)'을 의미한다.

지역 명칭으로 '만주'는 애신각라 누루하치(努爾哈赤)와 관련이 있다. 오늘날 랴오닝성 신빈혁도아랍성(新賓赫圖阿拉城) 일대는 누루하치의 출생지로서, '신빈'의 옛 명칭은 '각라(覺羅)'라 불렸다. 누루하치가 건주여진, 해서여진, 야인여진, 동해여진(東海女眞)을 서로 연계하여 통일하고 나라를 세웠다. 이 때 동북지역은 '만주'라 불렸다. 청대 시기 만주 지역은 오늘날 러시아연방공화국의 서시베리아지역, 고혈도(庫頁島) 및 중국동북, 내몽고 동부의 전 지역을 포함한다. 영어로는 'Mandchooria(Manchuria)'라고 표현한다. 지리적으로 '만주(滿洲)는 통상 오늘날의 전 동북 3성을 가리키고 있다.

그런데 왜 협소하며 사용 빈도도 낮았던 '만주'만을 사용하도록 선포했을까. 앞에서 말한 것처럼 홍타이지가 밝힌 개칭의 이유는 의도적으로 왜곡된 것이고, 그 외에 다른 이유를 말하지 않았기 때문에, 우리는 이 질문에 대한 답을 추정의 영역에서 찾아야 한다. 이 의문에 대해 가장 일반적으로 제시되어 온 대답은 '주션'이라는 용어의 의미가 변했기 때문에 이 명칭을 계속 족명으로 사용하기 어려워졌다는 것이다. 본래 '주션'은 족명 외에, 사회의 상류 계층인 '이르건(irgen)'과 노예인 '아하(aha)'의 중간에 있는 일반 인민을 가리키는 용어

이기도 했다. 그런데 누르하치의 정복전이 계속됨에 따라 포로가 된 수많은 일반민인 '주션'이 노예화되면서 '주션'이라는 용어에 노예의 의미가 담기게 되었다. 따라서 노예라는 의미가 담긴 '주션'을 계속 족명으로 사용하는 것이 적절치 않았기 때문에 '만주'로 족명을 개정했을 것이라는 것이 일반적으로 거론되는 족명 개정의 이유다. 물론 이는 충분히 타당한 이유이다.

이와 함께 제기되는 또 다른 이유도 있다. 첫째, '만주 구룬'은 누르하치가 건주여진을 통일한 후에 정한 국호고, 이 국호가 1636년 대청국(大淸國, daicing gurun)을 국호로 정하기 전까지 계속 쓰였다는 설이다. 이 설에 의하면 '주션 구룬'은 정식 국호가 아니라 '여진민족의 국가'라는 의미이고, '아이신 구룬'은 명이나 조선과의 대외관계를 위해 정한 한어 국호인 '금국(金國)'을 만주어로 번역한 국호였다. 둘째, '만주'는 누르하치 시기에 그의 세력권을 주로 외부에서 부르는 타칭이었고 사용 빈도도 적었는데, 홍타이지 재위 시기에 들어서 자칭과 타칭 양면으로 많이 쓰이는 족명이 되었다는 설이 있다. 이 설에 의하면 '아이신'은 대외적으로 쓰인 국명이자 족명이었고, '주션'은 내부적으로 쓰인 국명이자 족명으로 '아이신'보다 더 보편적으로 사용되었다. 이 외에 '만주'의 어원을 밝히려는 시도가 오래 전부터 있어 왔다. 그 결과 '만주'는 만주시리(문수보살)에서 유래했다느니, 혹은 건주(建州)의 발음이 변화한 결과라느니 하는 수십 개의 설이 분분하다. 그러나 어느 것 하나 결정적인 설은 없다.

결국 지금까지의 연구를 바탕으로 확실하게 말할 수 있는 것은, '만주'가 누르하치 통치시기부터 그의 세력권 혹은 인민을 지칭하는 명칭으로 드물게나마 사용되었고, 누르하치는 팔기를 통해 여진을 재구성하고 통합했지만 체제와 구조면에 국한된 것이었다. 피정복

여진에 여전히 잠재해 있는 반감과 분열성을 없애기 위해서는 통합된 정체성을 만들어야 했다. 이때 누르하치가 강조한 것은 여진, 즉 주션의 여타 민족과 다른 차별성이었다. 외부에 대한 차별성이자 내부에 대한 동일성을 강조하기 위해 누르하치는 주션의 동일한 언어나 생활양식 등을 거론했다. 그런데 주션의 통합성 강화와 주션·몽골인·한인의 공존 문제는 누르하치의 뒤를 이어 한(han)에 오른 홍타이지에게 부과된 과제가 되었던 것이다. 그리고 아이신 구룬의 통치하에 들게 된 여진인·몽골인·한인의 수가 비슷해지면서, 삼자가 공존하는 새로운 국가의 모델이 필요하게 되었고 동시에 국가의 핵심 민족인 주션의 정체성을 고민해야 하는, 이중적인 상황이 도래했다. 이 시기에 홍타이지가 여진·한인·몽골인의 세 민족이 공존하는 새로운 국가 모델을 필요로 하면서, 동시에 통일 전에 다양하게 존재했던 여진을 융합시켜야 하는 이중의 고민을 맞게 된 상황을 고려하면, '만주'라는 명칭의 선포 이유에 대해 좀 더 거시적으로 눈을 돌려볼 수 있다.

즉 홍타이지는 '주션'이라는 명칭을 폐기함으로써 그 이름에 묻어 있는 과거의 상쟁의 기억, 특히 건주여진과 해서여진의 상쟁의 기억을 일소하고, '만주'만을 사용함으로써 여진을 새로운 이름 아래 하나로 통합하고자 의도했던 것이다. 다시 말해서 만주는 과거의 여진과 범주가 달라진, 팔기를 기반으로 하는 새로운 민족공동체였다. 만주는 과거의 여진과 범주만이 아니라 속성도 달라졌다. 만주의 업종은 사냥꾼, 어부, 상인 등에서 전업 군인으로 변화했다. 만주는 과거의 여진처럼 문화적으로 복합적이지 않았고, 국가가 선포한 기준, 즉 혈통, 팔기에 대한 의무 등에 의해 정체성이 규정되었다.

그림 7. 팔기 문양

그림 8. 황태극

만주족의 다양한 축제

앞에서 만주라는 족명의 탄생은 여진 부족을 통일하고, 또 한인과 몽골인 등을 포함하는 민족공동체의 성립과 밀접한 관련이 있다고 했다. 이런 점은 만주족 축제를 살피는 데 있어 주의해야하는 대목인데, 그것은 부족단위로 흩어져 있던 여진족의 문화를 계승하고 있는 전통적인 양식으로서의 축제와, 청을 이끈 황실과 팔기를 중심으로 한 만주족의 국가적 단위의 축제를 구분하여 살펴야 한다는 것이다. 이것은 만주족 민간의 문화와 황실 중심의 지배계급의 문화로 대별된다. 게다가 만주족 축제를 비롯한 문화를 탐색하는데 있어 더 유의하지 않으면 안되는 것은 또 있는데, 그것은 청이후 만주족 고유의 문화가 점차 한족과의 잡거를 통해 한족문화와 접촉하면서 점차 그것의 독특함이 희석되었다는 점이다. 따라서 만주족 축제 연구는 이러한 점을 감안하면서 현재 만주족은 축제를 비롯한 자신의 민족문화를 어떻게 계승하여 복원하고 있는지 살펴보아야 할 것이다.

축제의 의미를 말할 때 가장 이상적인 경우는 축제에 많은 사람들이 자발적으로 참여하고 축제를 하는 동안 바쁜 일상으로부터 벗어나 마음껏 즐기며, 다양한 계층의 다양한 부류의 사람들이 함께 어울리며 그 속에서 공동의 유대감과 지역의 정체성을 확인하는 장(場)을 제공하는 것이다. 축제가 특히 지역의 고유한 특성과 연계됨으로써 지역(성)이 드러나고, 이를 통해 지역민이 지역/고향에 대한 지역정체성/애향심을 쌓아가게 된다면 축제의 주요한 목적은 달성된 셈이다. 그러나 축제가 언제나 이상적인 방식으로 진행된 것만은 아니었다. 근대 국민국가 형성기라 할 수 있는 19세기 무렵에 특히 축제는 지배자들로 하여금 민족담론을 전개하고 국가를 만들어가는 데 매우 효과적인 수단으로 기능한 바 있다. 축제라는 형식을 빌려 조국애와 민족의식을 일깨우는 방식은 근대 국민국가가 기틀을 잡아가는 과정에서 흔히 관찰되는 현상으로, 공공축제는 민족의식과 조국애를 고취시키는데 적합했다.

일찍이 루소가 폴란드 정부에게 민족적 자긍심을 고취시키는 방편으로, 폴란드인들이 자신들의 우수성과 조국의 능력에 대해 강한 긍지를 갖게 되기를 원한다면 십년 주기로 과거의 위대한 사건들을 새긴 기념비 주변에서 애국적인 축제를 개최하라고 권장한 것도 축제의 이런 측면을 강조한 것이다. 독일은 유럽의 주변 국가들과는 달리 뒤늦게 통일된 국가의 형태를 갖추었다. 근대국가의 성립이 뒤쳐진 것은 국가단위의 문화적 동질성 형성에 당연히 불리한 조건이었다. 이런 상황에서 범국가적 축제의 개최는 국민제전이라는 명분아래 국가 중심의 이데올로기를 생성해내는 데 적절한 기여를 하였다. 국가가 나서서 특정한 목적을 달성하기 위해 축제를 기획하는 경우엔 그 축제가 지역의 특성들/지역정체성(로컬리티)을 담아내기가 쉽지 않다. 반면에 어떤 축제는 중앙권력의 의지와는 무관하게 밑으로부터 기획되는가 하면, 심지어 카니발(사육제) 같은 경우는 바흐친에 따르면 기존의 체제를 전복(顚覆)시키고자 하는 저항적 성격을 갖기도 한다. 축제의 기획 및 운영 주체가 누가되느냐에 따라 축제는 특정 집단의 특정 이데올로기를 선전하는 도구가 될 수 있고, 또 획일적인 중심주의에 반하는 지역정체성 형성과 재현의 장이 될 수도 있다.

축제와 관련된 이와 같은 해석에 입각한다면, 만주족의 축제도 근대적인 민족국가는 아니지만 만주족의 민족의식과 조국애를 고취시키는 국가제전의 성격을 띠는 축제가 있을 것이고, 또 만주족의 고향인 동북지역의 특성을 담아내는 지역 축제가 있을 것이며, 또 바흐찐의 카니발적 개념에 입각한 자유와 해방을 목표로 한 저항적 성격의 축제도 있었을 것이다. 이와 같은 다양한 축제를 여기서 다 거론할 수는 없다. 그래서 몇 갈래의 축제 즉 앞에서 말한 대로 만주족의 정체성 형성과 관련이 깊은 축제 그리고 만주족이라고 명명하기 전 즉 숙신에서 여진까지 그리고 현재 만주족의 민간에 남아 있는 전통적인 축제를 살펴볼 것이다. 그리고 내용적으로는 제의성이 강한 제사 형식의 축제 그리고 세시풍속을 드러내는 축제도 함께 정리해보겠다.

민족 정체성을 위해 기획된 축제

먼저 거론할 축제는 만주족의 '명명일' 또는 '탄생일' 혹은 '기념일'이라고 불리는 반금절(頒金節)이다. 반금절은 현재 만주족이 가장 중요하고 성대하게 경축하는 명절인데, 음력 10월 13일은 만주족의 명명일, 탄생일이기 때문이다. 반금은 만주어로서 원래 '반금찰란(頒金札蘭)'이다. 그 가운데 '반금'은 중국어로 번역하면 생장, 생성, 생기발랄 등 여러 가지 함의를 갖고 있다. 반금절의 유래는 앞에서 이미 말했듯이 16세기말 17세기초 누루하치가 여진 부락을 통일하여 지방민족정권인 후금을 세웠고, 통일한 뒤의 여진은 새로운 족명이 필요하여 청 태종 황태극이 음력 10월 13일 만주라는 새로운 명칭을 선포한 데서 왔다. 그런데 고증에 의하면 반금절은 하원절(下元節)에서 유래했다고 하는데, 하원절은 음력 10월 15일로 일찍이 금나라 조정이 공포한 공식적인 명절로서, 각 급의 관리들은 하루에서 사흘까지 휴가를 받았다. 오행상생(五行相生)의 원리에 의하면 금생수(金生水), 수생화(水生火)로 청나라는 원래 후금이니 금생수에 맞고 그래서 10월 13일을 선택하여 족칭과 국호를 선포하는 것은 특별한 길상(吉祥)이었다. 게다가 하원절은 수관(水官)이라 청이나 만주 모두 한자에 물 수(水)자 부수를 넣어서 길상을 더욱 강조했다고 전한다. 하지만 이 날은 만주라는 명칭을 선포한 날이고, 그런 점에서 후금 청 황실 만주족에게 중요한 국가적 기념일이지만, 기존 여진 각 부족들의 현실 생활과는 큰 관련이 없는 날이다. 근대 이후 중국의 소수민족의 하나로 전락한 만주족에게 갖는 정치적 의미도 많이 퇴색되었다.

그런데 1980년대 이후 중국 공산당 정부는 소수민족 정책의 일환으로 전국 각지의 만주족 동포들이 음력 10월 13일을 만주족의 탄생일로 경축하도록 권장했다. 처음에는 이 날을 뭐라고 부를지 정해지지 않아 어떤 지방에서는 '만주족절(滿洲族節)'이라고 불렀는데, 이것은 10월 13일의 의미가 포함되지 않아서 1989년 랴오닝성 민족연구소와 단둥(丹東)시 민위(民委)가 주최한 제1회 만족문화토론회에서 황태극이 만주라는 명칭을 확정한 음력 10월 13일을 반금절이라고 정하고 다수의 찬성을 얻었다. 같은 해 10월 하순부터 각지의 만주족 연의회(聯誼會) 대표와 만주족 전문가가 베이징에 모여 이 안건을 토의한 뒤 동의를 했다. 이후 1994년 11월 27일까지 베이징의 만주족 동포들이 주도해서 각 신문에 보도하여 반금절의 의미에 대해 널리 홍보했다. 이후 동북 3성, 허베이, 산둥, 쓰촨(四川), 푸젠(福建), 간쑤(甘肅) 등지에서도 이 명칭을 사용하게 되었다.

1995년 베이징호텔에서 재경(在京) 및 각지의 만주족 대표가 참가하여 "경축 만주족 명명 360주년 대회"를 개최하였고, 이 대회에서 정식으로 매년 음력 10월 13일을 만주족의 반금절로 결정하였다. 반금절이 제정되는데 걸린 약 6년여의 시간은 만주족의 민족의식을 각성케 하는 계기를 제공했고, 민족의 뿌리를 발견해야 한다는 자각을 불러일으켰다. 만주족 전문가와 영웅들이 관방과 미디어의 제창을 통해 천천히 조직을 만들고 계획적으로 현대적인 명절문화를 구축하고, 그 구축하는 과정에서 많은 만주족 동포의 인정과 참여를 획득하여 민간의 자발성을 고양시켰다. 대다수 중국인의 입장에서 본다면 한 소수민족 또는 동북이라는 특정 지역의 민족문화를 복원하는 일이지만, 만주족의 입장에서 본다면 자신의 과거를 회복하고 새롭게 민족적 정체성을 찾는 일종의 뿌리찾기 운동의 시작으로서 의미를 갖는다. 게다가 만주족의 경우는 전통적인 명절이 많지 않았고, 게다가 대다수가 기복(祈福)이나 건강 류의 신앙 명절이었다. 예를 들어 풍요로운 수확을 바라는 첨창절, 병충해를 예방하도록 충왕절, 망자를 위로하는 중원절, 질병을 피하는 주백병 등이다. 이러한 절일은 문화학의 각도에서 보면 모두 전근대적 문화관념과 생활방식의 기초에서 건립된 것으로, 현대사회에서는 대체로 모두 연속과 발전의 토양을 잃었다. 따라서 반금절은 객관적으로 포용성이 넓고 내함이 풍부하고 현대생활에 부합하는 모든 민족의 바램에서 탄생된 하나의 새로운 명절이다. 이렇게 본다면 반금절은 만주족이라는 민족과 그들이 주로 살고 있는 동북 지역의 고유문화를 복원하고 현대사회와 부합하는 새로운 지역문화를 창안하는 과정의 산물이라고도 볼 수 있다. 즉 축제민속지 또는 문화축제의 한 형태이기도 한 셈이다.

그렇다면 반금절은 어떻게 진행되는지 살펴보자. 반금절이 지정된 데서도 알 수 있듯이 전국 각지의 만주족연합회 성격의 조직과 학술단체 및 기관이 각지 정부민족사무관리부문의 지지를 받아 상당히 크게 반금절의 형성과 발전을 추동했다. 반금절 축제는 전국에 동일하게 매년 음력 10월 13일 단 하룻동안 개최된다. 비록 하루의 축제로 규정되어 있으나 각지의 실제 상황에 따라 행사 일정과 의식을 조정할 수 있고, 시간이 부족하면 연장할 수도 있다. 만주족의 명명일은 지금으로부터 약 370년의 역사를 갖고 있다. 청대에는 만주족이 왕조의 통치민족으로서 매년 성대하게 이 날을 기념했다. 조정에서 뿐만 아니라 지방 팔기(八旗) 각 기주(棋主)가 조직하여 그 지역의 경축활동을 주도했다. 신해혁명이후 1980년대까지 여러 가지 원인으로 공개적으로 이 날을 기념하지 못하고 개별적으로 진행해왔다. 이후 앞에서도 말했듯이 우후죽순처럼 전국 각지의 만주족 자치현이나 만주족 거주지역에서 공개적으로 자기 민족의 탄생일을 기념하기 시작했다.

반금절 축제는 성립되었을 때 현대에 명명된 많은 문화절(文化節), 유산일(遺産日)과 같이 일정한 선전이라는 성격을 띠었으나, 점차 만주족이 보편적으로 참여하는 민간 명절로 변화하고 있다. 그 경축형식 또한 초기의 영웅계층의 좌담회나 토론회였던 것이 현재의 만주족 대중이 경축하는 축제로 전환하였다. 그리고 이 축제는 아직 완전히 정해진 틀을 갖고 있지 않아서 이것이 가공될 수 있는 가능성은 아주 넓다. 이 말은 같은 날 시행되는 동일한 반금절이지만, 전국 각지의 만주족에 의해서 다양한 형태의 축제가 만들어질 수 있다는 의미다. 그래서 현재 반금절은 이 명절의 기본적인 함의를 전제하고, 자신의 실제 상황과 지역의 특징에 근거하여 명절의 표현형식과 수단 및 축제의 내용과 주제 등이 부단히 새로워지고 있으며 아울러 지역의 민족적 특성도 더 강화되고 있다.

예를 들어 흑룡강 지역에서 개최되는 반금절의 경우 각지의 실제적인 상황은 차이가 있지만, 기본적인 축하형식과 내용은 대체로 이러하다. 첫째, 만주족의 역사문화를 강술하고 조상의 개척적인 공적을 찬양한다. 어떤 곳에서는 설제(雪祭), 배등제(背燈祭) 등의 전통제사활동을 동반하여 조상들을 추모한다. 또 어떤 곳에서는 만주족의 선진 인물을 표창하고 그 전형적인 사적을 소개하여 민족의 자긍심과 분투정신을 고취한다. 민간에서는 어떤 곳은 장년배와 노년배가 서로 교류하며 과거의 득실을 총결하고 미래를 점검하며 만주족의 문화와 경제발전의 대계를 도모한다. 둘째, 만주족 풍정(風情)의 문예 프로그램을 관람하고 관련된 문화오락활동을 거행한다. 많은 만주족 동포들은 치파오 등의 민족의상을 입고 민간에 유행하는 춤을 추고 민가(民歌)를 부른다. 근래에는 특별히 샤만 무도(舞蹈)의 공연을 강조한다. 수수께끼 등의 유희(遊戱)와 등불을 켜고 저녁에 큰 친목회를 하는데, 농후한 만주족의 문화색채를 띠고 만주족 오랜 민풍(民風)과 민속을 체현한다. 그 외에 많은 만주족 작가, 민간예술가, 화가, 영화감독, 무용가, 가수 등이 참석하여 민족의 민간특색을 지닌 기예를 선보인다. 셋째, 술자리를 마련하고 만주족 특색의 떡, 만두, 탕, 과자(薩其瑪), 금실떡(金絲糕) 등의 식품을 먹고 밀크티(奶茶), 백주(白酒) 등을 마신다. 그 가운데 콩국, 과일조림(瓤腸), 끈적한 콩껍질(黏豆包), 돼지고기(殺猪菜)와 4개의 압탁설(壓卓碟) 등은 전통을 담고 있는 식품이다.

반금절은 비록 현대에 들어와서 명명된 명절이고, 그래서 다소 축제로서 급조된 느낌이 없지 않지만, 역사가 오래되고 인구도 많은 만주족이 오랫동안 한족과 잡거하면서 자신의 고유한 문화가 많이 약화되었던 것에 대해서, 만주족이 반금절을 계기로 새롭게 자신의 전통을 되돌아보는 계기로서 작용하여 만주족에게는 의미있는 축제이다. 매년 정기적인 반금절 축제를 통해 만주족은 그들의 문화전통을 발굴해내고 또 발전시키며, 이를 바탕으로 자신의 민족적 정체성에 대해서 확인하게 되고 또 만주족의 문화전통을 현대화하는 시도도 전개할 것이다.

한편 이러한 다소 기획된 축제와는 달리 만주족에게는 민간문화적 전통이 다양하게 존재했다. 이것은 주로 만주족 이전의 말갈, 여진족 등이 처음에 부족사회에서 주로 수렵이나 어로에 종사하다 이후 점차 농경생활을 했던 역사지리적 배경과 무관하지 않다. 물론 이러한 전통도 이후 한족 등 다른 민족과 혼거하게 되고, 또 민족공동체로 변화하고 아울러 대도시에 사는 인구가 늘어감에 따라 조금씩 변하거나 심지어 사라진 것도 있다.

그림 9. 반금절 1

그림 10. 반금절 2

그림 11. 반금절 3

그림 12. 사치마

그림 13. 만주족 전지

세시풍속으로서의 축제

이밖에 만주족의 명절은 한족과 비슷한 것이 많은데, 주로 춘절, 원소절(元宵節), 단오절(端午節)과 중추절(中秋節) 등이 그러하다. 각 명절 기간에는 일반적으로 진주볼(珍珠球), 말타기(跳馬), 낙타타기(跳駱駝)와 스케이트(滑冰) 등의 전통적인 체육활동을 진행한다. 오랜 사회역사발전 가운데 만주족의 선조는 자기 민족의 특징이 선명한 세시문화를 형성했는데, 멀리 발해국 시기에 이미 춘절, 단오절 등의 명절 풍속이 있었다. 이러한 풍속은 한족 문화의 영향을 받은 것으로 보이지만, 또한 자기 민족만의 특색을 갖추고 있었다. 예를 들어 여진인은 단오절에 쑥을 캐고, 쑥덕을 쪄서 먹고, 장명쇄(長命鎖, 어린아이의 목에 걸어 장수를 상징하는 자물쇠 모양의 장식물)를 달고 또 활쏘기(射柳, 여진족의 활쏘기 일종)를 하며 하늘에 제사를 지내는 등의 풍속이 있었다. 청대 이후는 만주족의 세시문화와 한족문화가 결합하여 서로 흡수하여 점차 일체화가 되기도 했으나, 이 사이에도 여전히 만주족만의 세시문화 특색을 갖고 있었는데, 예를 들어 만주족은 춘절에 만두와 사치마(薩其瑪)를 먹고, 또 단오절에는 굴원(屈原)에게 제사를 지내는 것이 아니라 병을 쫓고 건강을 기원하는 것 등이 그러하다.

물론 춘절(설날)은 만주족의 중요한 전통명절이다. 춘절 전에 사치마를 만들고 대련과 창문장식종이를 펼치고 또 쪽지를 달고 (기旗에 따라 각각 홍, 황, 남, 백색), '복(福)'자를 단다. 한밤중에 '선지(神紙)'를 발한 뒤에 장년배들이 민족 내 각자의 집에서 '사세(辭世, 섣달 그믐날 밤에 가족끼리 모여 먹고 마시며 서로 덕담을 나누다)'를 한다. 제야 자시(子時)에 가족들은 만두를 먹는데 '갱세만두(更歲餃子)'의 의미다. 또 동전 하나(부유한 집에서는 금전과 보석 등을 이용하기도 한다)를 집어 만두 안에 몰래 두는데, 누군가가 이것을 먹으면 평생 운수대통한다고 한다. 제야에는 각 가정의 마당에 등롱간(燈籠杆)를 세우는데 높이가 2장(丈)에 달하고 위에는 소나무 가지를 묶어 높이 홍등(紅燈)을 매다는데 홍등은 초엿새까지 켜둔다. 궁정에서는 그믐 24일에 '천등(天燈)'을 달아서 다음 해 2월 초사흘까지 끄지 않는다. 정월 15일은 완소절로 '상원절(上元節)'이라고도 하고 '등절(燈節)'이라고도 하는데, 만주족은 채색등(彩色燈)을 다는 것외에 또 빙등(冰燈)을 제작한다. 그래서 만주족 완소절의 주된 핵심은 완소를 먹지 않고 채색등을 보는 것이다. 만주족이 거주하는 도시의 거리에는 수천수만의 기예가 아주 정교한 채색등이 걸려 있고, 농촌은 완소절 저녁에 '증면등(蒸麵燈)'의 풍속이 있다. 만청 광저우의 양성등시(羊城燈市)에서 기인(旗人)이 제작한 등이 가장 찬란하여 주목을 끌었는데, 광저우의 특산이 되었다.

그 밖에도 주백병(走百病), 첨창절(添倉節), 이월이(二月二), 충왕절(蟲王節), 중원절(中元節), 개산절(开山節), 석팔절(腊八節), 소년(小年) 등이 있는데, 이것은 만주족의 고유한 생활풍속들이다.

주백병은 만주족 부녀자의 명절인데, 일반적으로 정월 20일에 부녀자들이 삼삼오오 무리를 지어 먼 모래톱과 짝을 이루거나 혹은 모래얼음에 가거나 혹은 즐겁게 얘기하며 요란을 떨거나 하는 것이다. 첨창절은 매년 정월 25일 만주족 농촌 가정에서 고량미를 찰지게 삶아서 창고에 두고 수수깡 막대로 한 마리 작은 말을 만들어 밥양푼 위에 끼우는데, 이것은 말이 집으로 양식을 지고 가고 의복과 먹을 것이 풍부하다는 의미다. 첫날 다시 새밥을 보태고 이어서 세 차례를 더 보탠다. 또 어떤 집에서는 고량수수로 두 자루의 괭이를 만들어 밥안에 끼우기도 한다.

이월이는 속칭 '용태두일(龍抬頭日)'로 당일 아침 만주족 가정은 부뚜막을 마당에 풀어놓고 재도(灰道)가 용처럼 구불구불하여 '인용(引龍)'이라고 부른다. 그런 뒤에 마당에서 의식을 거행하여 비와 바람이 순조롭기를 기도한다. 온 가족은 '용수면(龍须麵)'과 '용린병(龍鱗餅)'을 먹는다. 부녀자들은 이 날에는 바느질을 하지 않는다.

충왕절인 6월 6일은 벌레를 박멸하기 쉽다. 랴오닝성 유암(岫岩)과 봉성(鳳城) 일대에 거주하는 만주족은 과거 6월 6일 이날 한 집에 한 명씩 나와 충왕묘에 가서 아침에 절하고 돼지를 잡아서 제사를 지내고, 충왕 할아버지가 벌레를 박멸해주시어 이곳의 수확이 좋기를 기도한다. 현재 충왕절에는 제사 활동은 없지만 가정마다 이 날 하루는 옷을 햇볕에 말려서 좀이 쓰는 것을 방비한다.

만주족은 7월 15일을 중원절로 정하고 망령을 제도(濟度)하는 "귀절(鬼節)"로 본다. 이 때 각지의 사원에 도장(道場)을 설치하여 등을 켜고 경을 외우며 각종 제도의식을 거행한다. 마당 안 서쪽에는 동쪽을 향해 나무병풍을 놓고 병풍위에 맨드라미꽃, 청대콩가지, 연뿌리 등을 걸어 놓고 옥토끼를 공급하는 대용으로 삼는다. 병풍앞에는 팔선탁자를 놓고 큰 월병을 바친다. 제사를 지낼 때는 분향하고 고두(叩頭)하며 부녀자가 먼저 절을 하고 남자가 뒤에 한다.

개산절은 만주족이 매년 가을 중엽 이후 혹은 음력 9월 중순(구체적인 시간은 정확치 않다) 약초를 채집하고 풍부한 수확을 얻기 위해 진행하는 축복활동이다. 과거 동북지방의 만주족 촌락은 매년 개산절때 모두 백두산을 마주하여 복과 장수를 빌고, 산신령이 약초를 캐는 사람들에게 내린 은덕에 감사를 드린다. 또 이 시기에 채집한 인삼은 자기 집안의 감실(龕室)에 바친다. 석팔절인 음력 12월 8일에 만주족은 '석팔초(腊八醋)'를 불리고 '석팔육(腊八肉)'을 삶는다. 온 가족이 먹는 것외에 밖으로 친구들에게 나누어준다. 만주족이 '소년'을 보내는 습속은 한족과 동일하다. 음력 12월 23일을 소년으로 하는데, 이 때 집집마다 부뚜막신에게 제사를 지내는데, 속칭 '조왕할아버지를 보낸다'라고 부른다.

이상이 1년 동안 만주족이 진행하는 명절로서 대체로 오랫동안 만주족들이 1년간 어떤 생활을 하면서 지내왔는지를 알 수 있다. 곧 처음의 수렵과 유목 이후 점차 농경생활을 해온 만주족의 일상이 이 명절들 속에 들어 있다.

그림 14. 활쏘기

그림 15. 빙등

그림 16. 채색등

그림 17. 등용간

그림 18. 배등제

샤만 축제

앞의 세시풍속이 담긴 만주족의 1년 동안의 명절을 통해 만주족은 오랫동안 제의성이 강한 전통을 갖고 있었음을 알 수 있다. 그래서 축제를 포함하여 만주족 고유의 전통문화는 역시 제사에서 찾아야 한다. 그것은 만주족이 전통적으로 제사를 일상적인 생활의 일부로 삼고 있는데서도 잘 알 수 있다. 그렇다면 만주족은 누구에게 제사를 지내는 것인가. 만주족 이전의 선조격인 여진족까지도 씨족이나 부족 단계에 있었던 데서 추측할 수 있듯이, 이들에게 제사나 주술의 대상은 결국 샤머니즘에 있었다. 만주족이 샤만교를 믿고 전승해온 시간은 아주 길다. 샤만교는 원시 씨족 사회에서 형성되었다. 이 종교는 중국 북방의 많은 유목민족들 사이에서 유행했다. 비록 성문의 교의를 갖지는 못했지만, 샤만의 구전을 통해 전승되어서 씨족사회 시기의 정신적 지주가 되었다. 따라서 만주족 축제 역시 대체로 만주족의 전통적인 샤머니즘을 근간으로 해서 이루어진다.

만주족 가운데는 유교나 불교 그리고 도교와 같은 중국에서 성장한 거대 종교를 믿은 이들도 없지 않았지만, 전통적으로 샤만에 의해 하늘과 땅 그리고 자연 사물이나 조상들에게 제사를 지내왔고, 이것이 만주족의 주된 종교 활동이라고 할 수 있다. 이 샤만 신앙은 원래 만주족의 선조들이 수렵을 하던 시대에 형성된 원시적 풍속인데, 랴오닝(遼寧) 지역의 만주 팔기(八旗) 가족이 청을 세운 뒤 이후 민국시기까지 시종 전승되어온 제사풍속으로 만주족의 종교신앙 방면에서 특출한 전통적 특징의 하나다. 만주족의 축제를 연구할 때 만주족들이 기성 종교처럼 신봉하는 특별한 종교가 없음에도 불구하고 이러한 샤만적 전통이 만주족의 정체성을 형성하는데 주요한 요소였다고 간주할 수 있겠다. 그리고 만주족은 초기에 제천(祭天)활동을 거행할 때 집안에서 거행했던 것은 아니고 산이나 들 또는 밭에서 거행하였기 때문에 교제(郊祭) 또는 야제(野祭)라고 하였다. 이것은 수렵민족의 생활방식에서 결정된 것이다. 그 후 그들의 생활방식이 수렵에서 농경생활로 바뀌게 되면서 생활습성에도 변화가 나타나고 이에 따라서 제천방식도 변화가 나타나게 되었다.

'샤만(saman)'은 퉁구스어로 '발광한 사람'이란 뜻이다. 우리말로 한다면 무속(무당)인이다. 샤만은 신과 인간 사이의 중개자이다. 그들의 신분과 지위는 아주 특수했는데, 그들은 본민족의 가장 학문이 뛰어난 사람이며, 인간의 바램과 희망을 신에게 전달할 수 있으며, 또 신의 의지를 인간에게 전달할 수 있는 사람으로 간주되었다. 하지만 샤만은 평소에는 민족내의 보통 사람들과 마찬가지로 결혼해서 아이를 낳을 수도 있고, 또 그들의 일은 보답을 받지 않으며 그리고 타인의 권한을 초월하지도 않는다. 샤만이 죽으면 뒤에 새로운 샤만이 엄격한 선택과 훈련을 거쳐 최종적으로 확정된다.

이 샤만을 통해 만주족은 어떻게 제사를 지냈던 것일까. 『만주도신환원전례(滿洲跳神還愿典例)』(1828 도광)에 수록된 「공의도신환원(恭議跳神還愿)」에 다음과 같은 기록이 있다. "매일 곤녕궁(坤寧宮)내에서 아침 저녁으로 도신(跳神)하고, 매월 환원(還愿)하고, 매년 춘추 두 계절에 도대신(跳大神)하며, 사계(四季)에 경신(敬神)한다. 매월 당자(堂子)와 상사신정(尙師神亭)에서 괘지(掛紙)하고 춘추 두 계절에 나무막대(樹竿) 대제(大祭)한다"라고 했는데, 이것을 정리하면 다음과 같다. 청대 황실에서 샤만은 1) 아침 저녁으로 도신한다 2) 매월 환원(제천)한다. 3) 매년 봄가을 두 계절에 도대신한다 4) 봄가을 두 계절에 수간 대제한다. 여기서 도신, 환원, 도대신, 수간대제라고 표현한 것으로 보니 모두 같은 제사의 형식은 아님을 알 수 있다. 도신은 "샤만교 해석에 의거하면 샤먼이 혼에서 이탈하여 영험을 나타내고 신과 사람이 교통하게 하는 하나의 수단을 지칭한다."고 한다. 도대신은 "샤먼제의 중에 여러 하늘신과 땅신이 샤먼 몸에 붙어 재력(裁力)의 도움을 얻어 함께(구현하는 표현형식으로) 구체적인 행위나 상태를 전개한다든지 또는 표출하는 활동이며, 샤먼은 사람과 신 사이의 중개자이며 도신하는 과정에서 사람과 신이 서로 교통할 수 있도록 중개하는 것을 지칭한다."라고 해석하고 있다.

만주족의 샤만교는 자연숭배, 토템숭배, 조상숭배와 우상숭배 등의 각종 제사활동과 연관된다. 자연숭배에 대해서는 만주족은 제천(祭天), 제지(祭地)가 있고, 토템숭배에는 만주족이 동물신, 식물신을 존숭하여 제아(祭鸦), 제구(祭狗), 제불다마마(祭佛多媽媽), 제유(祭柳) 등을 한다. 만수인은 조상에 대해서도 경외심을 갖고 있어 여러 명절 전후에 각종 활동을 거행하는 것은 모두 조상에게 제사를 통해 보고를 올리는 일이다. 이처럼 숭배하는 대상이 천신과 지신 뿐만 아니라 동식물과 조상에 이르기까지 많고 복잡하다. 게다가 제기의 방식 또한 서로 달라서 궁정과 민간의 차이가 있고 부자와 가난한 자 그리고 지역의 차이도 있었다.

만주족의 전통적 제사는 "가제(家祭)"과 "야제(野祭)"라는 두 가지 형식으로 구분된다. 랴오닝 지역에서 토착 만주족은 "불만주(佛滿洲)" (혹은 "陳滿洲"라고 부르는데, 청 태조때 팔기에 가입한 여진인을 가리킨다)이 많은데, 강희 년간에 성경(盛京)으로 돌아와 주둔 방어하는 팔기인은 본가족의 샤만을 가진 집이 많지 않았고 또 유행하는 형식은 가제(家祭)를 중심으로 하였다. 샤만은 제사의 주재자로서 민간에서 일반적으로 "찰마(察瑪)" 혹은 "차마(叉瑪)"라고 불린다. 어떤 성씨 가족 중에 제사 내용과 의식에 통달한 성원으로 남자든 여자든 스승과 제자가 되어서 전해질 수 있었다. 가제의 과정에서 샤만이 있으면 샤만을 주재인으로 하여 제사때에 신가(神歌)를 부르고 춤을 추며 속칭 "도신(跳神)"을 한다. 샤만이 없는 경우는 가족의 족장(가정의 남자 주인)이 주재를 하고 의식과정에서 기본적으로 일치하지 않더라도 단지 축사를 암송하고 샤만의 노래와 춤이 없는 속칭 "개아파두(磕啞吧頭)"를 하기도 한다.

청왕조 초기에 황궁 안의 샤만은 대체로 아이신 씨족의 방언에 익숙하고 또 총명한 여인이 담당했었다. '샤만부인(薩`滿太太)'이라고 불렀고 오로지 황제가 각종 신전을 거행하는 것을 관장하고 만주어를 구송하여, 제사를 지내서 병을 치료하는 민간의 샤만과는 달랐다. 신중국 성립전까지 동북지방의 녕고탑(寧古塔)과 애휘(愛輝) 등지에서 만주족은 여전히 샤만교를 신봉하고 있었다. 민간 샤만은 두 종류가 있었는데, 하나는 도신(跳神, 굿을 하다)의 샤만으로 병을 치료하거나 점을 치거나 신을 찾고 귀신을 물리치는 일을 한다. 다른 하나는 제사를 관리하는 집안 샤만으로 조상과 신에게 지내는 제사를 담당한다. 과거 만주족의 농민은 "무당은 믿었지만 의사를 믿지 않아서", 병이 있으면 먼저 샤만 도신에게 부탁하고 효과가 없으면 의사를 불러 진료를 했다. 샤만이 도신에게 기도할 때 고깔모자를 쓰고 오색의 종이를 엮어서 아래로 늘어뜨리고 얼굴을 가리며 밖으로는 작은 거울을 매달고 몸에는 긴치마를 입고 허리에는 동령(銅鈴)을 달고 북을 치고 춤을 춘다. 입에는 사(詞)를 읊조린다. 집안 샤만은 각 성씨 안에 한 명을 두고 있다. 조상에 제사지낼 때 도신은 만주어 신가(神歌)를 부르고 일년의 풍요를 축원하고 조상의 공덕을 칭송한다.

청대이후 만주 궁정과 민간의 샤만 제사는 아주 복잡해졌다. 현존하는 선양(沈阳) 고궁청녕궁실(故宫清寧宮室)내에 서쪽의 여러 칸은 청태종 시기 궁중에서 만주족 가제를 거행한 '신당(神堂)'이다. 선양 옛 성의 무근(撫近 곧 大東)밖에는 민국시기까지 청의 황태극 때 황족 제천의 전문장소인 당자(堂子)를 보유하고 있었다. 당자는 청의 황족 아이신 가족의 샤만 제사 장소로서 여기서 지내는 제사를 '당자제(堂子祭)'라고 부르는데, 그래서 이것은 족제(族祭) 또는 국제(國祭)였다. 당연히 관리나 서민은 당자를 설치해서는 안되었다. 청황실은 전국 전지에 많은 당자를 수리했다. 당자제의 의식은 각각 달랐는데, 새해 배천(拜天)과 출정, 개선제당자(凯旋祭堂子)는 국가의 대전(大典)으로 황제가 주제(主祭)를 하고 왕공대신이 배제(陪祭)를 한다. 일제(日祭), 월제(月祭), 입간제(立杆祭)는 황실과 황제 개인의 제전으로 가제에 해당하여 배사(陪祀)할 필요는 없다. 당자제사는 먼저 신간(神杆)을 세우고 신간을 세운 당자제사는 조제(朝祭)와 석제(夕祭)로 나눈다. 조제신은 3분으로 즉 석가모니, 관세음, 관제성군(關帝聖君)이다. 조제신의 설립으로 우리는 만주족의 종교신앙이 중원의 한족문화의 영향을 받았음을 알 수 있다. 석제신은 7성신(七星神) 등 가정제신이다. 이밖에 불다마마(佛多媽媽)를 제사지내는데, 그녀는 사람들이 북적대는 것을 관장하는 신령으로, 나체형태의 여신이라 그녀에 대해 제사지낼 때는 신상(神像)을 드러내지 않고 단시 신위(神位)만 세우며, 석제시에 배등제사(背灯祭祀)를 한다.

만주족 민간에서는 일반적으로 매년 비교적 엄중하게 제사의식을 거행하는데, 가제는 가족을 단위로 진행하고, 주로 봄가을에 진행하기 때문에 '춘추제(春秋祭)'라고도 부른다. 풍요롭고 부유한 가족은 봄과 가을에 각 한 차례, 형편이 어려운 가족은 가을에 거행한다. 이 제사의 목적은 본래 강한 신화(神話)적 색채를 갖지만, 그러나 뒤에 대다수가 신령에게 가족의 건강과 평화, 자손의 번성과 오곡(五穀)의 풍부 그리고 가금(家禽)의 증식을 기원하거나 감사를 전하기 위한 것으로 되었다. 이런 원시적 신앙이 현실생활에 더욱 근접하게 한다. 제사 의식은 한 번에 3일에 걸쳐 진행된다. 먼저 가족 중의 부녀자들은 제사를 주관하는 집(보통은 본 가족의 족장으로 만주어로는 "穆昆達"이라고 부른다)에 모여 제사에 사용될 음식("餑餑" 혹은 "糕"이라고 부른다)과 술 등의 물품을 준비하고 또 사용할 향과 접시, 술잔 등의 도구를 준비한다. 제사 지내기 전의 일정한 시간 안에 환경에서 물품에 이르기까지 모두 충분한 준비를 진행한다. 이 기간에는 다툼, 분쟁, 빚내는 것을 허락하지 않고, 희희덕거리는 것도 허락하지 않는다. 또 임산부나 각종 불길한 사람의 참여를 금지한다. 또 각종 식품과 제사에 사용될 도구를 잘 준비한다.

가제의 첫날은 제신으로 조제와 석제로 나눈다. 신위는 서쪽 담장 위의 신감안에 놓고 실내에서 아침에 정실의 서쪽벽에 불교의 석가모니, 관세음보살, 관우 등에게 공불하고, 저녁의 제사는 등을 끄는 의례로 인해 "배등제(背燈祭)"라고 부르는데, 제사의 대상은 실내 서북쪽의 담모서리 혹은 북쪽담에서 모시는 부락신과 조상신 등이다. 그 가운데 가장 유명한 여신은 "만력엄마(萬曆媽媽)"인데, 가정의 사람들이 잘 되도록 보우해 주기를 희망한다. 민간전설에 의하면 그녀는 명나라 요동총병(遼東總兵) 이성양(李成梁)의 어린 첩으로 어릴 적에 누루하치를 구했다고 한다.

가제의 둘째날은 제색윤간(祭索倫杆)으로 신간(神杆)이라고도 부른다. 색윤간의 높이는 2.5-3미터로 위에는 석두(錫斗)가 있다. 이 날은 제천(祭天)으로 장소는 마당내의 "색라간(索羅竿)" 앞이고, 제사의 대상은 만주족이 가장 숭배하는 천신 "아포개은도리(阿布凱恩都哩)"

이다. 과거에는 또 이 제사를 "환원(還愿)" 혹은 "입간대제(立竿大祭)"라고 불렀는데, 그 사이에 수간(樹竿)을 갖고, "소육반(小肉飯)"(속칭은 "鞑子粥"이라고도 한다)을 먹는 등의 의식을 하고 길가 외부인의 참가를 요청하고, 고기를 먹은 뒤 사례를 하게 해서는 안되는데 수렵시대의 유풍이다.

셋째날은 "환색(換索)"의 의식이다. 제사의 주요 대상은 만주족 전설속의 생육을 주관하는 여신 "불타엄마(佛陀媽媽)"로, 주로 가족의 자손 번영과 성년의 증가를 기원한다. 그 사이에 "자손줄(子孫繩)"을 실내의 신위에서 마당내의 버드나무 가지 위로 옮겨 매달고, 가족 중의 소아를 위해 다섯 가지 색으로 묶은 '색(索)'을 바꾸고 또 아이들로 하여금 "복을 뺏는(搶福)"(버드나무 가지 위의 밀가루떡을 달고) 등의 재미있는 의식을 거행한다.

신에게 바지는 주요 제품은 자신의 집에서 기른 털색이 새까만 병없는 제주(祭猪)으로, 잡기 전에 '영생(领牲)'의 의식을 행한다. 샤만이 물과 술을 돼지의 귀안에 붓는데 마치 돼지의 흔들리는 머리가 신에게 받아들여지는 것처럼 인식하게 되는데, 그런 뒤에 돼지를 죽이고 그 고기를 잘라서 술을 따라 신에게 바친다. 그 사이에 샤만은 신모(神帽)를 쓰고 요령을 달고 신무(神舞)를 추며 신고(神鼓)를 치고, 한편으로는 노래를 하고 다른 한편으로는 영제(领祭)를 추면서 마지막에 온 가족이 함께 "복육(福肉)"을 먹는다.

이상은 일반적인 제사순서를 간략이 적은 것이다. 조사에 의하면 랴오닝 일대의 만주족 각 성씨와 심지어 같은 성 사이에서도 의식의 세절은 완전히 같지는 않다. 예를 들어 제사에 사용되는 목제 향접시(香碟)는 3, 4, 5, 6 등의 각각 다른 숫자로, 민간의 설법에 의하면 몇개의 향접시를 사용하는지는 백두산의 제 몇 도구(道沟)(또는 강岗)을 설명하는 것이라고 한다. 만주족 각 가족의 신앙이 서로 같다고 하더라도 역사상황 등의 원인으로 습속의 차별이 존재함을 보여준다.

앞에서도 잠깐 언급했듯이, 만주족의 민간 의례에서는 봄이나 가을에 사흘 동안 집에서 큰 제사를 지낼 때, 집안의 서쪽 벽 조상의 신위(조종판祖宗版) 아래에 모셔두었던 자손주머니(媽媽口袋, 자손대子孫袋)에서 자손줄(푸타futa, 자손승子孫繩)을 꺼내어 마당에 미리 세워둔 버드나무에 묶은 뒤 그 줄에 여러 가지 색깔의 가느다란 헝겊이나 실(선線 혹은 쇄鎖)을 바꿔 매다는 것이 있는데, 이 의례의 목적은 자손줄에 매단헝겊이나 실을 아이들에게 묶어주어 건강하게 잘 자라게 하는 데 있었다. 이 의례는 얼핏 보기에 단순한 생육 의례인 것 같지만, 그 안에는 줄과 버드나무, 여신과 조상의 관계 등에 대한 다양한 맥락이 얽혀있다. 동시에 그것은 또한 탯줄의 상징성과도 깊은 관련을 맺고 있으며, 우리나라 신화에 등장하는 삼신할머니의 원래 모습을 추적하는 데에도 단서를 제공하고 있다. 이처럼 만주족의 다양한 축제에서 전통적인 샤머니즘적 요소, 예를 들어 새 숭배라든지 버드나무와 같은 자연물이라든지 그리고 숫자 등등이 무궁무진하게 담겨 있고, 이것이 각각의 의미소로서 기능한다. 만주족이 거행하는 축제 속에서 이러한 문화소들이 어떻게 작동하며 이것이 무엇을 상징하고 있는지 탐문함으로서 알타이 제 민족간의 친연성 나아가 한국문화와의 관련성을 비교 분석해 볼 수 있을 것이다.

이와 같은 만주족의 환원과 도신의식은 그들의 생활과 유리된 것이 아니고 바로 생활의 일부, 생활 그 자체라고 해도 과언이 아닐 만큼 만주족의 생활에 깊숙이 관여하고 있다. 만주족은 제의를 중요시하는 민족인데 태어나면서부터 죽을 때까지 기본적으로 매일 아침과 저녁에 도신하고, 매월 환원하고 매년 춘추 두 계절에 도대신하며 사계절 경신하고 그리고 춘추 두 계절 수간 대제하였다. 태어나면서부터 죽을 때까지 집안에서 일어나는 대소사는 모두 이와 밀접한 관련이 있다. 그래서 환원과 도신의식은 만주족의 정신세계다. 단순히 정신세계만이 아니라 만주족의 문화이고 생활자체라고 할 것이다.

그림 19. 샤만 면구

그림 21. 당자

그림 20. 샤만 표식

그림 22. 색윤간

참고문헌

赵阿平,『满族语言与历史文化』, 民族出版社, 2004
吴雪娟,『满文翻译研究』, 民族出版社, 2004
郭孟秀,『满文文献概论』, 民族出版社, 2004
哈斯巴特尔,『阿尔泰语系语言文化比较研究』, 民族出版社, 2004
唐戈,『人类学视野中的中国满-通古斯文化』, 民族出版社, 2004
黄锡惠,『满族语言文字研究』, 民族出版社, 2004
赵阿平 编,『满-通古斯语言与文化研究』, 民族出版社, 2004
赵阿平 编,『满-通古斯语言与历史研究』, 民族出版社, 2004
赵阿平 编,『满-通古斯诸语与相关语言比较研究』, 民族出版社, 2004
赵阿平 编,『满-通古斯语言与文学宗教研究』, 民族出版社, 2004
赵阿平 编,『满文文献研究』, 民族出版社, 2004
刘庆华,『满族民间祭祀礼仪注释』, 辽宁民族出版社, 2013
张佳生,『满族文化史(修订版)精装』, 辽宁民族出版社, 2013
包泉万·赫丛青,『图说满族民俗风情』, 大连出版社, 2009
姚宝瑄,『中国各民族神话:满族·赫哲族·朝鲜族』, 书海出版社, 2014
高荷红 著, 朝戈金 编,『中国社会科学院民俗学研究书系:满族说部传承研究』, 中国社会科学出版社, 2011
汤景泰,『白山黑水:满族传播研究』, 复旦大学出版社, 2014
富育光·赵志忠,『满族萨满文化遗存调查』, 民族出版社, 2010
施立學,「东北地域与满族文化」,『東北史地』, 2008년 제2기
劉明新,「浅析满族萨满教信仰的式微」,『中央民族大學學報(哲學社會科學版)』, 2008년 제1기
張帆,「满族习俗中的民族文化」,『满族研究』, 2006년 제2기
劉大志,「满族族源神话与"满洲"族称」,『黑龙江民族丛刊(双月刊)』, 2007년 제1기
祁美琴,「论北方民族族称的变化及其意义」,『黑龙江民族丛刊(双月刊)』, 2010년 제6기
冯尔康,「清代的历史特点」,『歷史教學』, 2010년 제18기

李晶,「从民俗文化看满族女性的家庭生活和地位(민속문화를 통해 본 만주족 여성의 가정생활과 지위)」,『아시아문화연구』 7, 2003
全英蘭,「滿洲族의 葬禮 習俗에 관한 研究」,『동아인문학』 12, 2007
范立君,「近代關內移民与中國東北區域文化的變遷」,『만주연구』 10, 2010
金善子,「만주족 의례에 나타난 자손줄[子孫繩]과 여신, 그리고 '탯줄 상징」,『중국어문학논집』 86, 2014

http://www.chinesefolklore.org.cn/forum/index.php
http://manzu.nen.com.cn/index.asp

필진소개

김민수

한국외대(노어학)와 러시아 치타국립대(철학)에서 박사학위를 취득했고, 2010년부터 현재까지 한국외대 러시아연구소 HK교수로 재직 중이다. 러시아 소수민족의 전통의례에 관심을 두고 연구하고 있다.

문준일

한국외대를 마치고 모스크바국립대에서 러시아문학으로 박사학위를 취득했다. 현재 한국외대 러시아연구소 초빙연구원이다. 초기 한러관계사와 시베리아 소수민족의 문화에 관심을 두고 연구하고 있다.

엄순천

러시아과학 아카데미 산하 러시아어 연구소 박사학위를 취득했고, 현재 성공회대 외래교수로 근무 중이며, 퉁구스계와 고아시아계 소수민족 언어와 문화에 관심을 가지고 연구 중이다.

김태옥

모스크바국립사범대학교(러시아시)에서 박사학위를 취득했고, 현재 충북대학교 러시아·알타이지역연구소 전임연구원으로 재직 중이다. 러시아 소수민족 축제와 원무(圓舞)를 연구하고 있다.

서광덕

연세대(중국현대문학)에서 박사학위를 취득했고, 현재 부경대 인문사회과학연구소 HK연구교수로 재직 중이다. 루쉰과 동아시아 근대에 관심을 두고 연구하고 있다.

알타이 민족의 축제

초판 1쇄 발행 _ 2018년 2월 20일

저　　자 • 김태옥 외 4명
발 행 인 • 정 현 걸
발　　행 • 신 아 사
인　　쇄 • 토탈프로세스
출판등록 • 1956년 1월 5일 (제9-52호)
주　　소 • 서울시 은평구 통일로 59길 4(2층)
전　　화 • 02)382-6411 · 팩스 02)382-6401
홈페이지 • www.shinasa.co.kr
E-MAIL • shinasa@daum.net

ISBN 978-89-8396-268-3(03300)

정가 15,000원

본 도서는 2017년도 충북대학교 대학인문역량강화(CORE)사업의 지원을 받아 출판되었음